西部邁

「非行保守」の思想家

渡辺望
WATANABE Nozomu

論創社

まえがき

今回の本を記すにあたって私がまずやったことは、色んな雑誌や文献から、西部邁さんの写真をさがしまわるということだった。「人の顔つきは年とともにまったく変わる」という意見もあれば、「顔つきというものはいつまでも変わらないものなんだ」という人もいる。本書でも述べたが、私がメディアではじめて彼の顔をみたのはもう三十年も前になる。お亡くなりになる頃の西部さんの写真と、三十年前の彼の姿を見比べてみると、かつて豊饒だった頭髪は薄くなり、顔には皺がだいぶ増えたように一見すると思われた。「老いたなあ」という言葉がつい口から出そうになる。だがしばらく見つめるうちに、私は自分の観察力の浅さに気づく。

たとえば哲学の世界では、過去の自分と現在の自分は別々の他者であると説かれている。多くの人においてそれは真実なのだろう。人間は器用に自分を変えていくしたたかさをもつからである。ところが西部さんの顔は変わっていない。それは彼の両目にとりわけ明らかだった。たとえば福田恆存は西部さんに初見のとき、西部さんの目の澄んだ輝きに気づいていたという。その三十年の時間にさらに三十年を足して、もし六十年振りに西部さんにお会いするという人がいれば、観察力の鋭い人は目をみて、たちどころに西部さん本人だということに気づくに違いない。学生運動のリーダーだったとき、学生服姿の西部さんの眉目秀麗な姿の中にも、その目の輝きは同じように存在していた。変わらない何かを保ち続けた人、それが西部邁という人間という本質なのだろう。

西部さんが保守思想を唱えた人間であることは周知の事実だ。世間も社会もその本質はいつまでも変わらないと考えた彼は、常に過去の叡智というものの大切さを唱えた。だが過去を大切にする彼の保守思想は、実は彼の人生を追うときにこそ本当の存在感を発揮したといえるのではないだろうか。西部さんの人生のある出来事は、ほとんど必ずといっていいほどに、過去の彼の人生において生じた事実に起因し、西部さん本人の精神のかかわりにより未来において動かされて起きたといえるからだ。あの衝撃的な自裁に関しても、実は何十年も前から彼が緻密に計画したものであり、数々の彼の人生上の事実に関係した結果に生じたものだったのである。

西部さんの人生には、数々の悲喜劇の事件事実があふれているといっていい。そのどれもが大きな意味、存在感を放つ。あらゆる事件事実が、必ずといっていいほどに、時間をこえて関係をもっているからである。事実の重みがゆえに、西部さんの思想を批評しようとすると、いつのまにか彼の人生の出来事に言葉を奪われてしまう。この不思議な傾向にあえてはまること、そのことに西部さんを論ずる方法論があるべきだというのが本書の立場とするところである。つまり

「思想」から入るのではなく、「エピソード」から西部さんについての評伝を書き起こす。そのことで「変わらない人」西部邁という存在の全体を明らかにする。本書で私が目指すのはそこにある。

本書は西部さんの思想に批判的な見解をお持ちの方にとっては物足りないと思われる面が少なくないかもしれない。それは以上のような方法論――エピソードを重視して西部邁という存在を語る――ことによると思う。西部さんの思想の脆さ、弱点については自分は充分に承知をしているつもりである。だが――本書でも繰り返し述べているように――私は正面から西部さんの思想の批判をすることは生産的ではないと考えている。脆さや弱点の背後にある西部さんの悲喜劇のエピソードにまず関心をもっていただき、それを感じつくす。彼の思想を批評するのはその後でも少しも遅くないのだ。

当然、西部さんに関しての「エピソード」は世代・時代によって異なったものになるであろう。まずは私なりのエピソード、西部邁体験というようなものから本書を掘り起こすことにしようと思う。そして数々の西部さんに関してのエピソード群は思想批評を伴いながらやがて、世間世界に衝撃を与えたあの自裁の時に――彼が終生好んだ演劇的人生のように――向かっていくことになるのである。

西部邁——「非行保守」の思想家　目次

第一章　エピソードの中の西部邁

第二章　近代経済学批判から大衆社会批判へ

第三章　アメリカ・北海道・女性

第四章　ニヒリズム・死生観・自死

第一章　エピソードの中の西部邁

1 「朝まで生テレビ」という文化現象

西部邁という思想家は、常に「エピソードの人」だった。対談集などの幾つかに読み落としがあるかもしれないが、私は二〇一八年に彼が自死するまで、新刊が出るたびに購入して目を通し続けてきた読者である。矛盾した言い回しだが、最後まで西部ワールドにそんなふうに付き合いつづけた私は、彼の本を読めば読むほど、「西部邁の世界本質はおそらく活字の中にはないんだ」と考えていた。

たとえば物理学者や数学者といった理科系的人物の評伝は、その人物が編み出した難解な理論をさておいて、ほとんどエピソードだけで構成されてしまうことがよくある。たとえば文系人間の私はアインシュタインやラッセルが編み出した物理学や数学の理論をほとんど理解できない。しかし彼らの評伝に書かれたエピソードの種々を知り、アインシュタインやラッセルを語ることができる。

物理学や数学の素人の私は彼らのこの世界での活躍の意味を上辺だけしかしらない、といえるだろうか。そんなことはない。私はエピソードの数々を通じて、彼らが生み出したたくさんの理論が「生き方」と分かちがたく結びついていることを理解しているというべきである。語り方によっては、どんな分野においても、その人の「すべて」をエピソードの事実よりわかってしまうことも不可能ではない。経済学者、社会思想家、政治評論家、様々な相貌を有した西部邁においては、そのことが特に然り、といえると私は思う。

「エピソードの人」はいつのまにか、常連の聴衆＝オーディエンスを形成し、演技の世界に近いものを生む。俳優とオーディエンスの間の協同世界といっていいだろうか。以前、ある評論家（西部に批判的な人物）が西部邁のことをスタイリッシュな人、と評しているのを聞いたことがあるが、それは西部という俳優のエピソードに惹かれていくオーディエンスのことを的確に表現した言葉ではなかっただろうか。私自身は決してそうではないが、時々、西部邁の熱烈な崇拝者――それはほとんど彼の思想を理解することとは無縁なほどの崇拝をする人々――に出会い、西部邁という人物の存在感の奥深さに驚くことがよくある。彼らは西部の思想に心酔しているのではない。思想をこえた西部の実存のエピソードに惚れぬいているのだ。

たとえば四〇代、五〇代くらいの日本人だと、西部邁という人物をテレビ朝日企画・放送の「朝まで生テレビ」のパネラーとして初めて知ったという人は、かなりいるはずだ。少なくとも高校生の私と周囲の相当数の友人はそうだった。

今の若い方々には、「朝まで生テレビ」といってもわからない方もいるだろう。一九八七年、昭和最後期、バブル全盛期のときにこの「定期的ディスカッション番組」は生まれている。厳密にいえば（放送時間や回数は大幅に縮小されて）今（二〇二〇年）もこの番組は続いている。しかしかつてこのテレビ企画がもっていた激しいエネルギーはすっかり成りをひそめているといわざるをえない。だが高校から大学入りたての年齢、私や多くの友人は番組が楽しみで、放送のある月末の深夜が近づくと気持ちがなんだかワクワクしてきたものである。

この番組の構成は典型的な「見世物ディスカッション」だった。深夜一時くらいに放送が始まり、未明まで延々と討論が続く時間設定が大概だった。司会の田原総一朗（少ない回数だが、田原以外の人物が番組司会をしたとき・するときもある）が、「原子力発電所」なり「皇室問題」なり「憲法改正」なり、社会硬派なテーマが決められ、パネラーたちは「賛成派」「反対派」あるいは「左派」「右派」といった区分けを引かれ、ディベート的やり取りが時間とともに過熱化していく。田原は時として議論の過熱を制するが、煽ることもかなりあった。

番組を全く知らない人がこの説明を聞くと、さして斬新ではない番組であるかのように聞こえるかもしれない。確かにこんなふうな見世物的な言い争いのメディア企画は、二一世紀がだいぶ進んだメディアでは見慣れたものといえる。むしろ、メディアは政治的・社会的テーマの討論に疲れ果ててしまった観さえある。しかし、この「朝まで生テレビ」の本当の面白さは、決して討論テーマの斬新さとか、議論対立といった「言葉」の存在にあるわけではなかった。

私のような「朝まで生テレビ」ファンはいったい何を期待してこの放送に胸を躍らされたのか。

間違いなくそれは、常連パネラーたちの強烈な個性のぶつかり合いだった。世界のほとんどを知らなかった十代の私にとって、「知識人」なり「論客」という存在は、「おとなしく・礼儀正しく・言葉穏やかに」ものをいう人間だという思い込みがあった。もちろんそれは今となっては恐ろしく間違った子供の思い込みに過ぎない。

だが若年の人間の心情とは複雑なものである。その子供じみた思い込みを毎回のように破砕してくれる大島渚、野坂昭如、猪瀬直樹、小田実、渡部昇一といった（今や、彼らの大半が鬼籍に入ってしまった）面々の荒々しさ・逞しさに私は強烈に痺れたのである。つまるところ私は議論の内容を知りたかったのではなく、常連パネラーの荒々しい個性を見たくて番組に引き付けられていたのだ。いったい幾度、「うるさい、黙ってろ！」という怒鳴りが、番組のテーブルの上を飛び交ったことだろうか。特に大島渚の罵声の回数は、群を抜いて多かったように記憶している。

その後の人生で私はずいぶんの回数、ときとして理不尽ともいえる言葉のぶつかり合いの場を経験することになる。怒りや悔しさを感じて、議論の中で自分の側で大声をあげることもあったが（あるが）、そうした議論の人生史の始まりに、あの番組に熱をあげた未熟な自分があったのではないか。今となっては空騒ぎにしかみえないような「朝まで生テレビ」、あの番組はどこかで私の心の成長にかかわってくれたのかもしれないと思う。言葉のもつ危険な面を――言葉はときとして暴力以上に暴力的存在になる――テレビメディアを通じ教えてもらったわけである。

そしてこの「朝まで生テレビ」の激しい個性の常連パネラーの一人に、西部邁の姿があった。

2　小田実vs西部邁

田原総一朗をジャッジメント（というよりレフリー）とするこの「集団格闘の言語ゲーム」をみる（楽しむ）十代後半の私にとって、「左」とか「右」の意味はまだあまり定かではなかった。自意識がまだそんな政治的人間になる以前の段階だったからである。しかしそんな未成熟な自分の政治の眼でも、常連パネラーの中で、「この人は「左」の人だな」「この人は「右」の人だな」と明らかに判断できる人物がいた。前者は小田実であり、後者が西部邁だった。

作家・小田実を今知る人も少なくなってきているだろう。一九三二年生まれ、世界無銭旅行記の『何でもみてやろう』のベストセラー化で有名になった小田は、一九六〇年代後半から政治的運動に参画、ベトナム反戦運動を、全国民的なものへと広げた。このことから政治的ジャーナリストと彼を評価する文献があるが、もともとの彼は、『何でもみてやろう』以前に、中村真一郎に認められてデビューした正統派の戦後派作家で、数多くの小説作品も執筆している。

彼が哲学者の鶴見俊輔らとベトナム反戦運動の目的のために組織した「ベトナムに平和を！

市民連合」（べ平連）は、当時過激化していた全共闘運動のマルクス主義イデオロギーを脱色したもので（実際はかなりべ平連もイデオロギーの影響下にあったのだが）「ソフト市民左翼」を好む当時の日本の風潮に大いに合致していく。ベトナム戦争の終結とともにべ平連の運動は終了したが、その後も小田は左派知識人の大御所として活躍活動しつづけ、一九八〇～九〇年代はよくその名を知られた存在だった（二〇〇七年に逝去）。

この小田が番組テーマあるいは当時の時代状況論に関して発言をすると、（彼の物言いは、大概が喧嘩腰だった）ほとんどといっていいほど、西部が物腰柔らかに、きわめて論理的に反駁を開始する。西部の口調もだんだんと感情を交えたものに変わっていくのだが、西部が小田に嚙みつくと、私はいつも心の中で「待ってました！」と叫んだものだった。西部の反撃はいつも明晰で鮮やか、西部に言いくるめられた小田は、憤懣やるかたないといった表情になり黙りこんでしまう。

たとえば次のような二人の社会主義国家をめぐるやり取りである（一九八九年六月二七日放送「衝撃！「天安門」どこへ行く社会主義⁉」）。中国の天安門事件が起きて間もなくの頃で、この回のテーマは社会主義国家の今後をめぐってのものだった。

小田　それから今度は、社会主義というのはものすごく金かかる。社会主義というのは貧乏な国がやっているみたいに思うけれども、その辺はマルクスの、資本主義が十分成熟してからやるというのは正しいわけだ。社会主義はいろんなやつの面倒を見なければいけない。面倒見切れないですよ、金もなければ何もないと。そこで今度は人民を搾取するとかいろんな問題をだしてくる。それで人民が怒る。それは当然出てくる。そのことが全部歪みになって出てきているのがアジアの社会主義の現状ですよ。ソビエトも大きくいえばそうだった。

ソビエトの場合と東ヨーロッパの場合、やっとこさここまで来たということは一つある。そこへ植民地の問題が入ってくる。ぼくは面白いと思うのは、東ヨーロッパの場合、民主化の要求は非常に強いけれども、これは反植民地状態からの脱却でしょ。ソビエト体制の中からの脱却ということが入ってますよ。片方の社会主義革命の方も、植民地の解放状態を求めるためにワーッとやる。それは大義名分に掲げてやった。まともに民族解放闘争に取り組んだのは、社会主義を背負った連中だということも事実です。そのあと今度は歪みを起こしてくる。だから人間の暮らしに徹して考えた方がいいんじゃないか。

西部　小田さんが言ったことは、根本的な、社会主義論にとってもっとも重要な点を見逃している。それは計画経済の問題なんですが、先ほど天児さん（注・パネラーの一人の天児慧・当時、琉球大学教授）がおっしゃった、政治の世界において、権力が誤りを犯さないという、そういう無謬性の神話から非常に激しい抑圧が起こってきた。本質的に同じことは経済においてもあって、計画経済論というのは、小田さんはカッコよく、社会が国民の生活の世話をすると言った。ところが具体的に言うと、政府が計画経済を中心にしながら、国民たちの生活の世話をするということになるわけね。
原理論的に言うと、計画経済は、自由主義的な市場経済と比べれば、根本的に非効率を運命づけられているということは、もう論証も実証もたっぷりされている。今の中国だってそうですよ。計画経済を基本的に維持しながら、そこに価格の二重性ができてきて、その価格の二重性を利用して、官僚が汚職したりなんだりするわけでしょ。そういう意味でわれわれははっきり認めなければいけないのは、国家が国民の世話をするということが根本において、計画経済論を中心にするかぎり、それは十九世紀のちょっとした幻想であったんだけども、この一世紀かかって証明されたことは、計画経済でもって国民の生活の世話をするということが根本的な誤謬だということね。

（放送『衝撃！「天安門」どこへ行く社会主義!?』）

二〇二〇年の現在、左派とか進歩派といわれる論客でも、社会主義イデオロギーの弁護を正面からする人間はきわめて少なくなっている。北朝鮮などを除き、純粋な社会主義国家は地上から消滅しつつあり、たとえ社会主義へのシンパシーを持つ人間でもそれを薄められた形でいわなければ（たとえ左派・進歩派どうしの討論であっても）到底通用しない。しかしこの討論が放送された一九八九年六月は、天安門事件の直後ではあったが、依然として「全体主義的社会主義にはいいところもある」風な見解をいう人間は多数存在していた。ここでの小田の意見はその典型ともいうべきものである。

社会主義国家が混乱を引き起こすのは、人民への経済的救済＝「面倒をみる」という正当な目的を賄いきれない経済的理由にあると小田はいう。一見すると社会主義の欠点を正直に指摘しているようでいて、実はその欠点は社会主義の絶対的美点から生じているのだからやむを得ない、ということを暗黙の論理的前提にしている。「一つの欠点」は、絶対的美点に比べたら大したことはない。ゆえに社会主義全体は否定することはできない。これが小田の言い分の正体である。

さらに小田は、この時点（一九八九年）で次々に生じていた社会主義国内の政治的暴動を、「ソビエトの半植民地体制からの脱却」なのだという意味あいで解釈すべきだといっている。つまり、「社会主義はいいがソビエトの支配が嫌」だから東ヨーロッパの暴動は起きているのだという。

だが史実では東ヨーロッパでは、ソビエトに対して政治的反発を明瞭にしていたルーマニアなどでも反体制運動すなわち「社会主義はごめんだ」という動きは先鋭化していた。小田の話は二〇二〇年の現在からすれば左右の政治世界双方に通用しない完全に架空の論理だが、一九八九年にはまだこのような言い方が何とか成立しえたのだ。このように、一見すると感情的モノローグをしているようにみえる小田はその実なかなかに狡猾な論理家であり、テレビの場で社会主義の弁護を巧みにはかっていたのだ。

もちろん、西部は小田の狡猾さをこのときも見逃さなかった。「国が面倒をみる」という小田の言葉に食いつき、「面倒をみる」ということは、経済学的に（おそらく政治学的にも歴史学的にも）完全に否定し結着がついているマルクス主義的計画経済の誤謬に過ぎない、と学問論証問題として指摘する。しかもこの計画経済国家は、市場経済を部分的に導入すればするほど、経済市場を多元的なものにしてしまう。「面倒をみる」という元々の前提が矛盾しているために、いじればいじるほど、社会が混乱腐敗してしまう。西部は小田の言葉の運びの狡猾さをわかりやすく、そして端的に破砕しているのである。

西部に論破されてしまった（と私には思える）小田は、この後、話題をすりかえて「資本主義だって社会主義と同じように矛盾に直面している」「資本主義の社会保障は計画経済の一種だろう」と関係のない一般論に後退してしまう。誰がみてもこのディベートは西部の一つの完勝だった。というより、小田が西部に対して論理的優位を見せたことは数々の回数を重ねたこの番組で皆無だったのではないだろうか。当時、「左」にも「右」にも政治的に共感をする前段階のピュアな（というより無知な）私にとって、西部邁という論客は「なんと頭がいい人なんだろう」と小田vs西部の風物詩をみる度に感じてしまったのだ。

3　冴えわたる左翼批判

西部の小田への批判は、左派の側の原理論の面を素早くつくところに論理の強み、持ち味が存在したといっていい。だが、これをもし饒舌な学者にやらせたら、「批判」はだらだらとした長いものになり、その途中で田原の制止や小田の反駁を受けてしまっただろう。テレビ画像というメディアでは、時間と言葉の制約は非常に大きなものになる。しかしその制約に反することなく、西部はポレミカルな議論を次々に展開していった。テレビメディアのディベートの本質を西部は実によく理解していたといえる。司会の田原も西部の言論力を思想的違いをこえて認めており、番組の議論が対立しすぎて停滞してしまうと、「議論のまとめ」的な発言を西部に求めるようになる。

たとえばこれは昭和から平成に時代が移った直後の頃の番組、議論が飽和状態になったときに田原は西部に収拾の助けを求め、それを受けて西部は次のように発言する（一九八九年一月二二日放送「どうする!?　日本のマスコミ・ジャーナリズム」）議論の場は、西部の言葉のおかげで、意味のない混迷から目を覚まして、ふたたび元の出発点に回帰することができたのをよく記憶している。

西部　たとえば土井たか子という社会党の委員長が、昭和天皇が亡くなられてから、天皇の戦争責任を云々して、それが各紙に報道された。他の問題についてはいろいろ新聞社独自の意見とか見解を交えて報道したと思うんですが、それについては、さしたるコメントもなしに、こういうことがありましたということを、かなり大きな活字で報道していた。しかし私が知り得る限り、私のみならず、かなりの人々は、もしも戦争責任を追及するならば、昭和天皇が存命の中にきちっとしたコメントを発するのが政党の責任であるということ。責任論については、いろんな側面がありまして、たとえば「陸海軍ヲ統帥ス」とか、「神聖ニテ侵スヘカラス」とか、内閣の輔弼の責であるとか、明治憲法の多面性があるわけです。そういうことを全面的に引き受けた上での戦争責任論ならば、それは議論に値するでしょうけれども、そのうちの一部だけを取り上げて、しかも肝心要の昭和天皇が亡くなられてから委員長が発言することについては、かなりの庶民たちは、この委員長は一体何を考えているのかなということを思っている。ところが、新聞はその他のことについてはコメントをいつもつけていると思うんだけれども、そのことについては何一つ、新聞社独自の批判的コメントを一切付けずに、社会党委員長がこういう責任論を発しましたという形で報道する。

（放送「どうする!?　日本のマスコミ・ジャーナリズム」）

一九八九年一月末といえば、昭和天皇が崩御されたのち、左派や外国ジャーナリズムの一部が、「天皇の戦争責任」をめぐり騒がしい議論をしていたころである。そうした事態の象徴のような出来事なのだが、社会党委員長の土井たか子が昭和天皇の戦争責任に関して、それが存在するかのような発言をし、大手各新聞はそれをそのまま報道、崩御から間もないこの時期、土井の発言の問題がかなり話題になっていた。

右派・保守派の側の多数は土井の発言に対し、「議論自体の禁忌」という無策でもって応じていたが、西部はここで平然と切り込み、「責任論」そのものが少なくとも法律論においては成立しないのではないかという。つまり「戦争責任は何か」という議論が放棄され、マスコミに意味を固定された「戦争責任」がメディアを流通していることを西部は知性たっぷりに警告しているわけだ。

土井の発言に追随的なパネラーは、「戦争責任」の意味を極東国際軍事裁判＝東京裁判のレベルで言いたいところなのだろうが、西部ほどの論客であれば「東京裁判無効論」でもって何十倍にも切り返しをしてくることはわかっている。西部は西部で、そうした「先の先」の手を読んでまとめの発言をしたわけである。結果として左派のパネラーたちは西部の手裏剣のような素早いこの論理に、ぐうの音も出ず、異なる話題へと後退せざるを得なかったのである。

あるいは、原子力発電所問題が番組で議論されたときも、田原は番組途中で議論が混雑してきたときに、場をいったん収拾させるべく、西部にバトンを依頼、西部は次のような原理論を手際よく説いて、広瀬隆や室田武ら反原発派に反論する（一九八八年七月一七日放送「原発　是か非か⁉」）。

西部　これは日本だけでなくて、文明自体がそうだと思うのですが、文明はとうの昔にいわゆる近代技術の世界に突入してきている。良くも悪くもそうなんです。今、我々が使っているほとんど総てのが、いろんな近代文明の産物なわけです。そういうものにたっぷり恩恵を被っておきながら、しかもそれを素晴らしいことだと思っていながら、例えば原子力の問題について、いずれか一方を取るかというきわめてチャイルディシュな議論を展開する。私はそういう考え方にどこかふしだらなものがあるんじゃないかと思っていたんです。

一つの例をいって皆さんを挑発したいんですが、原子力となりますと必ず人々は生命尊重とか、健康第一というふうな思想のレベルに入っていく。ちょっと強引かも知れませんが、日本では自動車事故で一年間に一万人近くの人が死んでいるわけです。今、統計がないから当てずっぽうでいいますが、回復不可能な交通事故を含めれば三万、四万になるんでしょうね。

原子力発電が始まってから三〇年間でいえば、おおよそ一〇〇万近くの人間たちが自動車事故である種の深刻なダメージを受けている。世界でそれを何倍すればいいのかわかりませんが、おそらく当てずっぽうでいえば、一〇〇〇万を下らないような人間が交通事故のために、生命もしくは決定的に肉体を損傷させせられている。

他の食品とか、薬品まで含めれば、いわゆる文明史の問題のものは、我々は良くも悪しくも共存しながら生きてきたわけです。それは排除することもできず、そうかといってもちろん歓迎するわけにもいかない。どうにかぎりぎりのきわどいところで何とか何とか平衡を保ってやっていかなければいけないところに我々は入っちゃったんです。

（放送「原発　是か非か⁉」）

西部のこの「許された危険」論からの原発論（西部本人は自分は「原発賛成派」ではなく「是々非々派」だとしている）は、東日本大震災以降、原発をめぐる議論が出尽くされた感のある現在からすると、必ずしも真新しいものではないようにみえる。しかし一九八八年の段階で、しかもテレビ映像を通じて端的にこのような主張を原発反対派に突きつけるということは、やはり非常に斬新なことだった。

番組司会の田原からすれば、原則的な話などどうでもよく言い合いをしている（特に大島、野坂など）流れを幾度か堰き止め、番組に締まりをもたせる必要があった。プロレスに八百長が潜んで殺し合いにならないように、ディベートが本物の言葉の乱闘になることを防がねばならない。その責任は田原に帰せられていた。そんな田原と西部との間には、担任教師とクラスのまとめ役的リーダーとのかかわりのような、暗黙の了解の関係があることは十代の私達にも明白だった（十代だからこそわかったのかもしれない）田原にしても番組全体にしても、たとえ思想的な立場は違っていたとしても、西部の知力を大いに必要としていたといえる。

4 「中沢新一事件」の真相

ところで、この「朝まで生テレビ」の先鋭な論客だったこの西部邁の肩書が、ある時期から「東京大学教授」から「評論家」になったことがあった。西部を「頭のきわめていい論客」という以外ほとんど知らなかった高校生の私は、このことをさして気にとめなかった。しかし実はこの一九八〇年代後半、西部は人生最大級の転換期＝事件に直面し、それがこの肩書の変更ということを招いていたのだ。

「朝まで生テレビ」にドキドキしていた何年かのち、大学生になった私は、知的な読書量を誇る先輩や同輩をたくさん得た（もちろん、「朝まで生テレビ」はこの時期も継続して放送されている）一九九〇年代初頭というその時代は、まだ何とか、アカデミックな知的世界の雰囲気が大学内に維持されて、思想や哲学を「読む」「語る」ことをよしとし、それを知的スノビズムやペダンティズムの道具とする学生がたくさんいたのである。

この知的雰囲気が対象とする思想家は、一九六〇年代だったらマルクスや毛沢東だったのだろうし、一九七〇年くらいだったら、サルトルや吉本隆明だったはずである。「正しいかどうか」は別にして、それら思想家の思想内容をある程度知らないとその雰囲気そのものに相手にしてもらえない。反論するためにも勉強しないといけないのである。かつてマルクスやサルトルだったこうした学生たちの知的世界の流行の対象は、一九九〇年代初頭においては圧倒的にポスト・モダン主義と呼ばれる思潮だった。

もともと建築世界の用語だった「ポスト・モダン」は、マルクス主義やサルトルふうの実存主義に比べるとずっと多面的な面をもっていて、「何がポスト・モダンか」をいうことはなかなかむずかしい。単なるモダニズムのポスト思想＝モダニズム批判ではまったくないことだけは私はすぐに理解できた。

先輩や同輩に様々な本を読まされていくうち、「脱構築」「差異化」→「ずれ」といった思想概念がその中心にあるらしいことは何とか理解できるようになった。たとえば「混成思想部隊」にみえるポスト・モダンの面々にはある共通する根底が存在している。それは「物事の意味」というものの本質は私たちの思い込みに過ぎず、私たちは「ずれ」を通してでしか意味を確認することができない、ということである。

たとえば私たちは写真や読み物で「京都の銀閣寺」なる存在を知っている（と思い込んでいるとされる）。もちろん、実際に京都に観光にいき「銀閣寺」を経験している人もたくさんいる。しかし何も現代人だけが銀閣寺を知っているわけではない。建立者の足利義政、建築に従事した労働者にもそれぞれの「銀閣寺」の意味がある。「銀閣寺」という言葉は、それを言う人間の数だけ存在するといってもよいだろう。「銀閣寺」なる概念は無数の「ずれ」の総体のようなものなのだ。

これが「脱構築」「差異化」ということの端的な把握である。ポスト・モダンの分析にはなるほどといえるものも少なくない。ポスト・モダン思想の目指すところは私達の「思い込み」を解体する言葉・思想の技術という面が確かに存在する。しかしこのポスト・モダンの思潮がより過激な方向に進んでいくと、「いっさいの意味はこの世界にない」というある種の価値破壊主義の性格を帯びることになる。

たとえばポスト・モダン＝左派という図式は原理的には成立しないはずである。「左翼」や「平和主義」などの概念は、脱構築や差異化の最たる対象といっていいからである。ところが、「意味の相対化」が「価値の相対化」へ、さらに国家や伝統文化の相対化に向かうと、ポスト・モダンを自称する人の相当数がマルクス主義者や平和主義者といった左派になるという奇妙な思想現象も進行することになっていく。

私自身はこうした思潮にほとんど本質的に説得はされなかった。ポスト・モダンが目指すところが思想的にきわめて不毛だと早くから感じたからである。しかしながら思想の時代は「ポスト・モダンにあらんずんば人にあらず」とさえいえる知的雰囲気があった。一九九〇年代はじめにはその雰囲気がずっしりと重く日本の知性の世界を支配していた。

ではどのような思想家がポスト・モダンブームを担ったのであろうか。

マルクスやサルトルがかつて思想的教祖・ヒーローとされていたように、ポスト・モダンの思潮では、フランスのユダヤ人哲学者、ジャック・デリダがポスト・モダンの知的青年たちに崇拝をされ、それ以外にドゥルーズやガタリといったフランス系の思想家が教祖的におおいにもてはやされていた。特に「脱構築」をはじめて造語したデリダの思想的影響力は大きなものがあった。ただし、マルクスやサルトルの後継＝ポスト・モダンというわけではなく、構造主義の旗手だったレヴィ・ストロースや、『監獄の誕生』などでマルクス主義以降の思潮を先頭に立って展開したフーコーなどはポスト・モダンの面々にはふつう加えられない（フーコーはポスト・モダンを厳しく批判している）。

日本国内では、柄谷行人、浅田彰、蓮實重彦、今村仁司、栗本慎一郎といった面々がこの思潮をリードしていた。先輩や同輩がすすめてきたのはこれらの人物の著作である。このポスト・モダングループの中でも最精鋭かつもっともポピュラーといっていい論客に、宗教学者の中沢新一がいたのである。大学に入りたての私は幾度となく「変な理屈を言う前に、中沢新一をまず読めよ」といわれてしまうほど、それくらい中沢の人気というものはポスト・モダンの思潮の中で圧倒的だった。

『雪片曲線論』や『チベットのモーツァルト』などの中沢の著作に目を通した（通させられた）私は、それまで見たことのない不思議な文章使いに刺激を受けることはあった。ただ、これは正統派の宗教学や哲学を知らない人間が読むと、「小説」になるのではないか、というある種の知的な危惧を朧気に感じもした。もちろん、サルトルの小説やキルケゴールの日記が哲学書としての存在をなし、柳田國男の非体系的な散文が民俗学の古典であるという知の世界の事実は存在している。しかし、学問・思想に相いれない、「飛躍」はサルトルやキルケゴール、柳田にはほとんどみられないものだ。中沢にはそのような「飛躍」が感じられたのである。

つかみづらく、走り回るように記される中沢の文章は、確かにポスト・モダン的そのものといってよいものだった。しかし知的洗練を充分に受けた人間でないと、理解力そのものが、対象をまったく理解していないのに自分に身についたと思う危険があるのではないか？　そのような印象を抱いた私は、多くのポスト・モダンの信徒ほどには、中沢新一に酔うということは結局はなかったのである。のちに中沢が有する宗教への知識の意外な位の浅さ、叔父である網野善彦の影響をうけた民俗学的認識の問題などを知っていくと、私の中沢への評価はさらに格をさげたものになっていく。

だがそうして遅く進んでいく中沢の文章や思想への理解とは別に、すぐに気づいた驚くべき「中沢新一現象」があった。それは夥しい数の私のまわりの中沢ファンの口から、必ずといっていいほど、西部邁への称賛が語られることだった。私はその不思議を知るために、大学に入る少し前に起きた「中沢新一事件」の真相を語る西部邁の二冊の本に目を通した。『学者——この喜劇的なるもの』『剝がされた仮面——東大駒場騒動記』。実はこの二冊が私にとってはじめて触れる西部の著書だった。

「朝まで生テレビ」に熱中していた高校生の私は、「中沢新一事件」なるものがほぼ同時に進行していて、それを大手新聞や大手雑誌、週刊誌などが頻繁に報じていることにまったく気づかなかったのだ。私は自分の不明を恥じた。「朝まで生テレビ」よりはるかに大きなスケールで西部の名前を全国的なものにした（していた）思想界の一大エピソード、それが「中沢新一事件」といわれるものだったのである。

5 東京大学教授陣との対決

「中沢新一事件」（あるいは「東大駒場騒動」ともいわれる）のあらましは次のようなものである。

一九八七年春、東京大学教養学部教授（経済学）だった西部は、社会思想史の谷嶋喬四郎教授に、社会思想史分野での助教授の人選の相談を受ける。西部は当時、東京外国語大学助手だった中沢を推薦、谷嶋はこれに同意した。西部がなぜ中沢を推薦したかというと、「新しい思想の流れを東大駒場に呼び込みたい」という谷嶋の意向があったためである。谷嶋は最初に浅田彰の名前を出したが、西部は「浅田君は京都大学から動かないだろう」ということで、浅田と同じポスト・モダンの徒、知己でもあった中沢を推した。西部はさっそく教養学部社会科学の教員で選考委員会を結成、この時点で、社会科学系教員内で中沢招聘に反対したのは折原浩（社会学、マックス・ウェーバーの専門家）だけであった。中沢に近い思想ポジションにいる社会学教授・社会科学科科長の見田宗介などは「大賛成」の意向だった。

ところが事態は夏に入り急変をみせる。中沢招聘に賛成していた谷嶋が突然反対に転じ、別の人脈を推しはじめたのである。ここで西部・中沢を支えたのが保守派論客としても有名な政治学の佐藤誠三郎教授だった。佐藤誠三郎は自民党のブレーンの一人で、西部と同じく、東京大学の教員としては珍しい保守派人物とみなされていた。西部と佐藤の尽力により、谷嶋の推薦する山脇直司と、西部たちの推す中沢の双方が助教授に招聘される折衷案が採用、教養学部全体の同意にこぎつけることになる。

しかし状況はさらに奇妙な展開をみせる。中沢招聘に関して、人事上の瑕疵があったという奇妙な噂が教養学部全体に流れはじめたのだ。さらにあろうことか、中沢招聘に大賛成の意を示していた有力者の見田が、佐藤との不仲ゆえに「中沢招聘賛成、佐藤教授の差配に反対」というどっちつかずの態度に転じて西部への支持をやめてしまう。結果的に教養学部内で、西部や佐藤、さらに公文俊平や村上泰亮たち保守主義派の教授グループと、見田、折原、谷嶋ら左派教授グループの対立が深化、中沢招聘は教授会での否決という、前代未聞の結末を迎えてしまった。西部は抗議して東大教授を辞任、公文と村上はそれに続くという事態に発展することになる。

西部は雑誌その他のメディアで見田・折原・谷嶋たちへの激しい批判を展開、見田たちの側も西部への反論をみせたが、論戦論争に長けた西部の敵ではなく、世論は西部の蛮勇に軍配をあげた形になった。全国でその数を増やしていた中沢の読者達が見田たちへの憤激を感じ、西部の態度に熱烈な声援を送ったのはいうまでもない。私が大学に入るなり目にすることになった中沢シンパたちの西部礼賛の背景となった事件は、このようなものだったのである。東大教授を抗議辞任した西部の肩書が評論家になったのは、こうした背景があったわけだ。

「公平に事件を見なければいけない」と考えた私は、西部の側だけの見解だけでなく、大学図書館の新聞雑誌のバックナンバーを掘り起こして、「朝日新聞」に掲載された見田宗介の西部・佐藤への反論、また「朝日ジャーナル」に掲載された折原浩の反論などにも目を通した。私自身の個人的判断では事態は全体的に西部の側の言い分が妥当なものといえた。というより、中沢反対の面々の論陣があまりにひどかったのだ。特に「朝日ジャーナル」の折原の文章は滅茶苦茶で、世間の論者の中には「このヘンテコな論文を引っ張りだしただけでも西部の功績がある」という意見もあるほどだった。教養学部内部の「古い進歩主義的体質」が、中沢人事に対して、「ルーモア・ポリティクス（噂の政治）の理論」で不当な妨害をおこない、西部たち保守主義的立場の教授陣と、中沢たちの新思潮に対して妨害破壊工作をしたという西部の主張はおおむね事実とみてよいのだろう。

しかし、西部に軍配をあげつつも、彼の次のような、中沢事件の総括的発言については私は違和感を感じざるをえなかった。「ポスト・モダンとすら通底する」という箇所に、中沢への気遣いが感じられるのはもちろんだが、この概念操作的な文章が意味する勝利宣言めいたものに潜む党派性は、いったいどこに由来するものなのだろうか、と私は考えてしまった。西部自身はこの事件を「コップの中の嵐」と謙遜しているのに、なんだか一つの壮大な思想戦争の結着がついたかのような物言いがなされているのだ。

……第三に、この出来事において「真正の保守」が何であるかを如実に披瀝することができる。私の思う保守は現状維持でもないし現状弁護でもない。融通のきかない頑固者、それが保守主義者なのではない。保守は、人間も制度も矛盾、葛藤、逆説そして二律背反の濃い魂となっているととらえ、その危機の中で平衡を保つための知恵が伝統の中枢に蓄えられているとみなし、その伝統を保守せよと主張するのである。つまり保守が大事とする伝統的精神のうちにはダイナミズムとドラマトゥルギーがたっぷりと含まれている。それは、ある意味で、現象のずれ、ねじれ、ゆらぎを強調するポスト・モダンとすら通底するものなのである。今回の事件は、保守派こそが元気で、冒険的で、理想にあふれ、現状変革的であることを疑問の余地なく示したのであった。この世紀末、絶頂へと昇り詰めた日本の文明は保守的精神の普及によって成熟へと至る途を模索することになるであろう、と私は展望する。そのための準備運動ができるというのだから、またしてもこれは絶好の機会なのである。

（『学者　この喜劇的なるもの』）

なるほど、見田、折原、谷嶋たち東大教授たちの人間的なひどさということはよくわかった（西部は、ポスト・モダン思想に近いポジションにいた見田に、中沢への嫉妬があったのではないかと指摘している）。巻き込まれてしまった中沢新一や佐藤誠三郎たちも充分に同情に値する。しかしそれをわかった上で、この西部の勝利宣言には、どこか大切な「見落とし」が存在していないだろうか。

東大教授がオールド左翼的な権威を振りかざすことについては、東大系列の学会・学者の世界の古臭い権威主義を批判すれば事足りるわけで、それは東大教授を辞した西部が一番よくわかっている。しかしそうしたある種「消極的な事件」において、まるである種の理想主義的イデオロギーが絶対勝利をおさめ、時代を先取りしているが如きこの文章は、どこかおかしくはないか。

とりわけポスト・モダンと保守主義の「共同戦線論」みたいな西部の言い回しには、私はほとんど賛同することができない。中沢新一礼賛にみられるポスト・モダン思潮はこのあとの九〇年代にますます価値破壊や伝統軽視の方向に向かい、オールド・マルクス主義などよりはるかに強力な形で日本人をニヒリズムの空洞に導いていった。その典型が柄谷行人が主導した湾岸戦争での知識人の平和憲法死守宣言であり、あるいは中沢も関係が取り沙汰されたオウム真理教事件であった。

価値の相対化をイデオロギーとしていたポスト・モダンの徒たちは、相対化の行き着く果ての価値の空無化に耐え切れなくなり、平和憲法やオカルティズムという、それこそもっとも脱構築や差異化の対象とすべき価値にしがみつく、という思想・観念の悲喜劇を引き起こしたのである。

「中沢新一事件・東大駒場騒動」という、一九八〇年代後半最大といっていい西部のエピソードは、「東京大学教授陣」というものへの西部の言葉の闘いだったといえる。その闘いで西部がアカデミズム史に残る正論を示したことは明らかだ。しかしその闘いで西部は、ポスト・モダンとの共同戦線という無理な知的戦術を言葉の世界に見せるということもなしたといえる。「たまたま思想的にまったく相いれない中沢新一を巻き込んだ事件になってしまうほどに、東大の人事の旧体質振りはおかしくなってしまっていた」といえば充分だったはずではないだろうか。

6　保守主義とポスト・モダンの共同戦線

では西部はポスト・モダンの思潮の危険に対して無警戒だったのか。その実はまったく正反対である。実は西部はポスト・モダンのもつ破壊的な危険性に対して、中沢事件よりずっと以前に、早々に厳しい指摘をおこなっていた。

「保守主義」という形のイデオロギーが実在するのかどうかは哲学や思想史的には難しい問題で、西部はそれを生涯に渡りほとんど純言語的に構築しようと格闘した稀有な人物である。このことについては本書で幾度も触れることになるが、西部は自身が構築しようとしていた「保守主義」の手ごわい敵が、旧態依然のマルクス主義ではなく、ポスト・モダン主義にあることを、いち早く見抜いていたのだ。

たとえば西部は一九八三年に中沢の師匠にあたる文化人類学者の山口昌男と「知のルビコンを超えて」と題する対談をおこなっている。対談の雰囲気自体はおだやかなものだったが、内容的に西部は山口率いる新しい知の潮流に対して――山口は日本にポスト・モダンの思潮を紹介した先駆けといっていい存在である――手厳しい批判を展開している。

西部　言語と言ってもいいし、あるいはもっと広く記号といっていいかもしれないけれども、何かそういう秩序をつくる能力が人間の根源的レベルにあるとしなければ、どうも説明がつかない気がする。そういう意味で、最近のそういった社会情勢、つまり社会がいろいろな意味で混沌とした状態を示すこととタイアップするような形で、人間の隠し持った黒々としたカオスに、先ほどそれを特権化といったのですが、あまりにも強くフットライトが浴びせかけられているのではないかなという気がするんです。

山口　いやいや、全体としては西部さんのように心の拠り所を与えてくれる立場の方がフットライトを浴びてますよ。ところで、カオスといえば、「黒々とした」と直結するのはあまり感心できませんね。僕は陽気なカオスを強調してきましたが、混沌を「黒々と」といった偏見による単純化を行ったうえで、社会情勢と結びつけるのは、あまりいただけませんよ。モデルと目の前の現実を混同したやり方だと思います。

（『知のルビコンを超えて』）

二人の静かな応酬は、保守主義とポスト・モダン思想の相容れなさを鮮やかに示しているものといえる。西部はポストモダニズムが行き着く危険性――カオス、価値破壊――について、中沢達の守護神ともいえる山口を、「特権化」という概念を使いほとんど正面からこの対談で批判

している のだ。
もう少し西部と山口の議論対立を追うことにしよう。

西部　ぼくは、最近、〈倫理〉という言葉をしばしば使うんですが、それは何も僕が道徳主義者だからではなくて、自分なりのスタイルを見つけようとすると、そこはかとないものなんですが、ある種の倫理観みたいなものが必要なのではないかと感じるからなのです。つまり、ぼくの思う〈倫理〉っていうのは、一方では人間の過去の記憶、歴史の堆積から決して離れることはできない、しかし同時に自分のなかに、それから離れようという止み難い欲求というものがある。そのせめぎ合いのなかで、初めて文体にある種の品位が生まれるんじゃないかということなんです。

山口　僕は〈倫理〉という言葉は、生涯使わないで済ませたいと思っています。僕が演劇性という概念に固執するのは、人間のアイデンティティを〈倫理〉という言葉を大状況から説明することを避けて、常に文脈に即して考えていきたいからなんです。それに、あなたの言う意味での〈倫理〉という言葉は、かつてT・S・エリオットが「伝統」といって表現していたものに近いと思うのです。

（『知のルビコンを超えて』）

二人の議論は平行線を続ける。しかし平行線が延びれば延びるほど、二人の思想の両極性は明白になっていく。この対談は西部の生涯のうちになされたものでもっとも意味があるものの一つだといっていいだろう。少なくとも西部は、山口・中沢たちの新思潮が有する危険性、あるいは自身の保守主義との敵対性を、とうの昔にわかっていたのだ。

ここで疑問はふたたび、「なぜ中沢たちの思潮と共同戦線を演じたのか」という地点に戻ることになる。「朝まで生テレビ」での西部の論客振りは、孤軍奮闘といっていいもので、彼は孤立を恐れず徒党を組まないで議論しているふうにみえた。しかし西部にはもっと重要な本質があることに私は気づいていなかった。中沢事件での西部の活躍活動振りは、彼のその本質——「政治的なるもの」——にかかわりがあるものだったのだ。

「保守主義とポスト・モダンの共同戦線」は、自民党と共産党の連立論に等しい政治的策動といってよい。言論人や思想家では、本質に政治家の気質がなければ、そのような策動をなすことはほとんど不可能である。思想論争が党派性に優先するからである。政治家の側からすれば、「口先で生きる人間は政治を知らないから」という悪口をいうことも可能だろう。だが世界史をみれば、チャーチルもヒトラーも、自身の反共産主義と別次元のチャンネルで、ソビエト・スターリンとの共闘や同盟を平然と成し遂げることができた。西部の中沢新一事件のコミットメントには、西部という人間がもつ、言論人らしからぬ政治的資質が大いに関係しているとみることはできないだろうか。

ここで西部邁という人物の「政治的なるもの」を知るために、また一つ大きなエピソード世界を覗きこむ必要があらわれる。それは私が生まれる前の時間におきた、「東京大学」や「テレビ番組」などよりはるかに大きなスケールの歴史的エピソードでもあった。そしておそらく、西部邁の人生にとっても最大の意味を有するエピソード世界なのである。

7　学生運動のリーダーとして

一九九〇年代入りたての私がある晩、いつものように「朝まで生テレビ」をみるべく遅くまで起きていてテレビのスイッチを捻ったとき、珍しくまだ起きていた今は亡き父親が、「おー西部、懐かしいなあ！」と言い出した。討論番組の類に全く関心のない父親が、そのとき、一時間以上もの時間をかけて、学生時代の昔話を語ってきかせた。私はそのときはじめて、西部邁が一九六〇年の反安保条約の学生運動のリーダーの一人だったということを知った。

亡父は、西部と同じ齢で、別に学生運動の活動家というわけではなかったが、一九六〇年の初夏、知人に誘われてもみくちゃの国会近くのデモ隊に毎日のように参加していた。全学連や支援団体から支給される弁当を目当てにしていただけの参加だったという。そんな完全なノンポリの父でも「なんとなくざわついた気持ち」になって興奮したというほどに、そのときの事態は緊迫度を高めていたのである。

父は（やはり）西部の演説の名手ぶりを褒めていて、「他のリーダーはみんな忘れたが、西部邁だけはおぼえている」と懐かし気だった。父のオーバーな表現だったかもしれないが、西部の演説が佳境に入ると、聴衆は涙をこぼし始めることがよくあったという。テレビの画面で、シニカルなロジックで小田実や大島渚を翻弄する西部の姿からは私にはまったく想像できなかった。

なんとも面白いのは、学生運動家としての西部邁の肩書は東大の自治会委員長だったにもかかわらず、よく父親の属していた明治大学に演説に来ていたことで（これは西部の親友の篠田邦雄が明治大学ブントの指導者だったこととも関係しており）父親が西部を親近感をもって知っていたのはそのことに所以するようだ。

一九六〇年当時の学生運動全体について詳細を述べるとなると、何冊もの本の紙幅が必要になるのでその歴史的プロセスの説明については最小限にとどめるが、事態の始まりは一九五〇年代後半、穏健主義路線に転じた日本共産党の政治路線にあった。それまで左翼＝共産党一色で、人生を投げ打ち破壊的革命運動に身をささげていた左翼青年の面々は、この突然の方針転換に愕然とする。この共産党の穏健化に反発して結成されたのが共産主義者同盟（ブント）だった。ブントは若い学生たちの熱烈な支持を集め、やがて学生運動の主流派を形成、一九五八年に東京大学に入学した西部もこのブントに参画する。彼らは当時の岸信介政権の安保条約改定への反対運動を盛んにおこなう。

一九六〇年五〜六月の条約改定段階になると、ブントは国会前で連日連夜、猛烈な反対表明のデモをおこない、一部は暴徒化するレベルにまで至った。安保条約改定は野党や学生運動の反対を押し切り五月一九日に衆議院で強行採決、一月後の六月一九日に自然承認の形になる。反対運動が最高潮に達したのは六月一五日夜で、反対派の学生運動に対し、それを制しようとする警察、機動隊、賛成派の右翼団体、任侠団体などが国会前で激しく衝突、学生運動側の東大生の樺美智子さんが圧死させられるという衝撃的な事件がおきる。西部はこの夜、騒乱罪・凶器準備集合罪の嫌疑で逮捕、のちに裁判で執行猶予判決を受けてしまう。

この間、日本共産党系の学生団体（民主青年同盟）ももちろん改定反対運動を展開している。しかし日本共産党の反対運動はあくまで合法的、平和的な手段を通じてのもので、西部たちブントとはまったく違ったものだった。それどころか、民主青年同盟とブントは、同じ左翼運動内部でも激しい対立をきたす。おそらくこの時期の経験からだろう、西部は生涯にわたって日本共産党を毛嫌いしつづけることになる。

ちなみに樺女史は全学連・ブントのヒロイン的存在だった。一九九〇年六月の「朝まで生テレビ」で、田原が番組冒頭近くで、西部と樺が恋愛関係にあったのではないかと発言、激怒して西部が番組途中で帰宅してしまうというアクシデントが起きてしまった。この件に関して田原は西部にのちに謝罪し和解している。

以上は私が生まれる一〇年以上も前の出来事で、「学生運動のリーダー、西部邁」といわれても、何の実感も私には存在しない。しかし父の世代、とりわけ当時、東京で大学生活を過ごした人々にとって、西部邁というのは何にもまして、全学連のヒーロー、演説の名手といった政治的人物だったことを私は段々と知るにいたったのである。

西部の人生について詳しい方なら、実は西部は東京大学に入学するまで吃音に苦しめられており、その吃音を学生運動の演説により治していったというエピソードをご存じだろう。また西部の委員長当選は、実は投票箱のすり替えによるインチキ選挙だったこと（西部本人はボルシェヴィキ選挙＝ボル選といっている）また幼馴染で恋人だった夫人と、「学生運動でどうなるかわからない」といって一時期別れたことなど、本人の筆を通じて語られたたくさんのエピソードが西部の学生運動時代には存在している。わずか数年の時期だったにも関わらず、西部にとって学生運動の時期は濃厚な時間が流れ、たくさんの出来事が起きた。そのことを生涯にわたり語り記し続けた西部は、まるで「過去の自分」のオーディエンスに自分がなったが如き、様々な思いを死にいたるまで感じていたことがよくわかる。

たとえば後年、『どんな左翼にもいささかも同意できない18の理由』（二〇一二年、幻戯書房）など、相当に刺激的な題名の本を出したりしてラディカルな左翼批判を続けた西部であるが、かつての全学連の同志との対談や回想では、相好を崩し、ナイーブな発言をする。私からすれば、既述したポスト・モダンも、六〇年安保のブントも、西部の厳しい基準からすれば等しく「左翼」ではないかとも思うのだが、西部本人は、左翼批判の言説とは別の政治的チャンネルを有しており、「政治的人物」が、左右の思想を抜きにしてかつての出来事を楽しんでいる、というふうなのだ。

たとえば長崎浩という人物がいる。西部とともに全学連に属した理論家で、学生運動後は医療関係の仕事に従事しながら『叛乱論』などの著作を記している。優れた哲学的資質を有した人物だが、あえて思想的な左右をいえば長崎は運動から身を引いたあとも明らかに「左派的人物」でありつづけた思想家だ。西部は長崎に非常に親近感をもちつづけ、後述するように二一世紀になって東京MXテレビでの西部邁塾の番組に出演、その交友は生涯にわたり続いたといっていい。

西部と長崎には対談本（『ビジネス文明批判』一九八五年、作品社）があるが、次のような箇所＝大江健三郎や井上ひさしなどを「貴重な人」という部分は「保守＝西部」と単純に思い込んで読むと、思わずドキリとしてしまう場面である。

長崎　さっきの階級の問題になるけど、結局階級闘争というのは、自分たちの集団で伝統的に持っている価値なり、考えなりを死守しようとしてお互いに殺し合うわけでしょ。六〇年安保の時に僕はそういうものの片鱗を見たけれども、それ以降は一貫してそういうものがなくなっている。それは政治的な見方からすると、よくものが見えないということだと思うんですね。西部さんの言葉で言えば、いったい何を死守しようとして相手をつぶそうとするのか、伝統的に定着してないのね。したがって、集団的闘争や、集団的いがみ合いが歴史的・文化的に蓄積されていかない。これは別にアナクロではなくて、われわれはそういう意味で何を蓄積して利巧になったかって思わざるを得ないのね。

西部　寛容の精神に立って言うと、大江健三郎さんとか、井上ひさしさんとか、そういう戦後民主主義を守ろうとしている人たちをすばらしいなと思うことがほんのときたまあるんです。僕自身の考え方は、彼らとはむしろ正反対なんですけど。今、長崎さんがおっしゃった頑固さとか、死守するとかという感じがあの人たちにはある。あの人たちも何かを死守しようとしている貴重な人々なんでしょうね。

（『ビジネス文明批判』）

もしかしたらこの長崎との対談そのものが「エピソード」を構成しているのかもしれない。左翼批判の先鋭を自負している人物が、左翼的論客長崎とともに、左翼的言論人（大江健三郎、井上ひさし）を礼賛している。西部の言論には、こうした「落差」が不意にやってくることがある。この「落差」こそが西部邁の魅力であり、同時に危うさもつくりだすのだと思う。オーディエンスたちは、ふっと、思い込んでいた西部邁と違う西部ワールドに連れていかれるのだ。

後述するが、二〇〇〇年以降の西部は小林よしのりらと、激烈ともいえる反アメリカニズムを展開しはじめ「ビン・ラディンはイエス・キリストに似ている」などという発言をして、保守派の論客を驚かせた。これは西部が長崎との対談でみせた「落差」が、危うさの方において発揮されたエピソードに他ならない。

優れた人物が、その人物らしい人間性と、過去未来のその人物と整合性を有した発言をしたとしても、それは語るべきエピソードにはならないであろう。「平坦」すぎて、面白くないからである。「エピソード」なるものは、人物・人間性・発言に何かの矛盾や不可思議さがあってこそ印象に残る「何か」をもつものだからだ。学生運動のかかわりについての西部邁を追えば追うほど、「エピソードの人」である彼は、多面にわたる表情を周囲に見せることになっていく。

8 西部邁の文章力を分析する

西部には、この時期の自身、さらに学生運動のかつての同志たちへのオマージュを語った『六〇年安保――センチメンタル・ジャーニー』（文藝春秋、一九八六年）という本がある。これは私が読んだ七ないし八冊目の西部の本だった。学生運動時代の西部を知るためにこの本を読み、それまでの自分の西部のイメージとまったく違う西部の、平明だが力強いエッセイの世界にたちまちに惹き込まれた。まさに「落差」の直撃を西部邁の文章力の世界から受けたのだ。

「西部邁の文章はわかりづらい」という人がよくいる。反面、「西部邁の文章ほどわかりやすいものはない」という人にも私はよく出会う。私から言わせれば、両者ともに正解である。たとえば「朝まで生テレビ」の彼のトークや彼の経済学、大衆社会や左翼批判の論考はどれも、概念をたくみに操作する知力に長けていた。しかしその操作が、時々、彼自身を追い詰めてしまうような「過剰な真面目さ」が、西部の文章には私には感じられた。さらに西部には、文章内の概念操作が混雑してくると、日本語の文章なのに、外来語を多用するという奇妙な癖がある。これは文筆家として初期のころから後期のころまで、ずっと共通していえることである。

たとえば『どんな左翼にもいささかも同意できない18の理由』の次のような文章をあげてみよう。

……パトリオティズム（愛国主義）を声高に唱えたいのではないのです。国民の感性と理性の根底に、「パトリ」（父祖）の地の歴史についての感覚と知覚が横たわっていると考えられます。それはエピステモロジー（認識論）として十分に首肯しうる見解です。つまり人間の認識は国民に共通のアパーセプション（統覚）といったものを頼りにして成立しているということです。同じことですが、ナショナリズムは国民主義というごく当たり前の価値観のことだと解さなければなりません。そして「ナツィオ」は「誕生」のことなのですから、国民主義とは、自分らの誕生し生活する場所に愛着を覚えるということをさします。たとえそこから逃亡したとしても、逃亡したことに痛覚を感じずにはおれないという意味で、国民は国民主義を引き受けずにはおれないという意味で、国民は国民主義を引き受けずにはおれないのです。

（『どんな左翼にもいささかも同意できない18の理由』）

これはナショナリズムの不回避性について説明した文章で、だいたいの意味は伝わってくる。必ずしも難解な文章ではない。しかし、正論の繰り返しが、書き手である西部自身——国民の一人である西部自身——にその論理の刃を向けて、追い詰めていっているという印象をぬぐえない。そして（やはり）どうしても不可解なのは、「パトリオティズム」「パトリ」「エピステモロジー」「アパーセプション」「ナッツィオ」などの言葉をなぜ外国語表記にするのか、ということである。これらを日本語表記にしたところで、文章の説得力に大きな違いがあるとは思えない。

吉本隆明は、西部邁の文章について、「西部さんの書かれたものは、力コブの入れ方とか文体とか、発想とかがちゃんと合っている。ちゃんと合っているということは、つまり自分の自分に対する隔たりということが、ちゃんと押さえられているということだと思うのです」と西部との対談「大衆をどう捉えるか」（『難しい話題』吉本隆明対談集、青土社、一九八五年）で述べているが、私の考えでは、この評価は必ずしも正しくない。

むしろ西部の論理的文章は、こうした「自分の自分に対しての隔たり」が、「押さえられすぎ」ていて、自身と文章との距離感がおかしくなってしまうことがよくあるように見える。この距離感のおかしさのせいで論理展開が過度に概念的になり、その概念的文章を、ヨーロッパ思想の原語を使うことで何とか「本来の意味」へと柔らかくしようとする。だが、意図は逆に作用し、さらに文章の概念化が進行してしまう悪循環が生じてしまう。「西部邁の文章はわかりにくい」という人は、こうした場合の西部の文章をよく目にするのではないかと思う。

ところが、こんなふうな論文の書き手の西部の筆力は、エピソードを語るエッセイストのそれになると一変する。次の引用は『六〇年安保——センチメンタル・ジャーニー』の一節である。

反安保の学生運動が夢物語のように消え去り、西部にとって人生の一出来事と化していった心象風景を、次のように鮮やかに彼は描く。奇妙な賛辞になってしまうかもしれないが、西部には文学者としての才気があるというのが私の説である（その場に一緒にいる女性は、この時期に入籍をしていた西部夫人であろう）。

……私の気持ちは、おそらく例外の部類に属するほどの屈折し沈滞していたといいえるのだが、しかしそんな私にも達するほどに時代の放射能は強かったのだ。そういう放射能を吸収しているとも自覚できずに、私の自意識は、一九六四年の夏、北海道石狩の海辺で、自分が極小化と極大化の両極端に引裂かれる感覚を味わっていた。私は一人の女性と一緒に小高い砂丘のうえに腰を下ろして、北国のひえびえとした海と寒そうに身をこごめる海水浴客とを見下ろしていた。その海辺の風景が次第に一枚の巨大な絵画となり、私自身もその絵画の中に徐々に溶け込んでいって、最後には、自分が一個の砂粒になったように感じられた。と同時に、その風景の拡がりをすべて収めている自分の眼が途轍もなく大きなものに感じられた。その一瞬があまりにも森閑としたものであったために、東京でかかえこんだいろんな屈託がすっと消えていき、心身が洗われるのを感じた。

（『六〇年安保――センチメンタルジャーニー』）

「わかりやすい文章」と「わかりにくい文章」が同一の書の中に生じることもある。たとえば後年に記された西部の長編自伝『ファシスタたらんとした者』を引いてみよう。吃音に苦しめられていた西部がはじめて学生運動の演説に向かう場面だ。ちなみにこの著作は西部自身を三人称で記述するという形をとっており、ここでいう「かれ」「青年」とは西部のことである。

……壇上に立った彼は、自分の膝がガクガクと揺れているとわかっていたが、自分の口から（たぶん二十分近く）とめどなく溢れてくるのに驚いていた。それから、いわゆる「六〇年安保闘争」なるものが終焉するまでの八か月、青年は（ほんの一部からではあろうが）名アジテーターと呼ばれることとなった。ジュールス・ダッシン監督の『宿命』という映画において、中世紀のこと、村人たちから白痴とみなされてきたギリシャ青年が反トルコの煽動者に突如として変じる瞬間、それが我が身において再現されたのだと青年は感じてもいた。あとは一瀉千里の赴きであった。いや青年の動きは、「早く流れる水」のようなものではなかった。血気盛んな猪突猛進でもなかった。「敗北への予感」と「自滅への願望」を抱いた青年は、圧倒的に強い共産党勢力を前にして、おのれの青息吐息をあたかも情熱の発露であるかのように偽装して遮二無二に進んだだけのことだった。

（『ファシスタたらんとした者』）

この文章を記したときの西部はすでに七〇歳を過ぎている。青年らしい瑞々しさにあふれたその文章力に「西部邁健在」を強く感じたものである。ところが本の後半、国家論原理の説明になると、やはり概念語の混雑がはじまり、外来語の濫用という癖が出て文章をわかりにくくしてしまう。「ああ、また始まったなあ」と私は思った。

……それは、市場におけるイノヴェーショナリズム（革新主義）による危機の創造を軍事におけるアグレッシヴィズム（侵略主義）によって一時的に糊塗する企てだといってよい。つまり、その侵略という名の先制的攻撃は長期的には報復的反撃を招いて事態は戦争とならざるをえないのである。必要なのはクライシス（危機）の創造にたいしてクリティカル・ライン（臨界線）を設けるためのクライテリオン（規準）を政府がインディケート（示唆的指示）することである。換言するとガヴァメント（舵取り）に向けて、クリシス（ギリシャ語でいう決断）を下すことだ。

（『ファシスタたらんとした者』）

私は論理的文章を概念操作や外来語を使い展開する西部の一面に関しては、読者ではありつづけたが、次第に愛着の気持ちから離れていった。しかし、平明な文章と奇妙に鋭い感性エネルギーを有したエッセイストの西部――エピソードの語り手としての彼――に関しては、最後まで愛読者だった。『六〇年安保――センチメンタル・ジャーニー』は、そんなエッセイストとしての西部との出会いであり、そこに展開される私にとって生前の未知の世界は、西部のエピソードワールドの世界そのものだといってよかったのである。こうした営為の繰り返しということが、西部邁の世界を感じるために避けて通ることのできない「落差」の体感、経験なのであろう。

9　全学連リーダーから東大教授へ

日米安保条約改定が一九六〇年六月一九日に自然承認されたのち、あれだけの狂騒をみせた学生運動はまたたくまに消え去っていった。学生も大衆も、「革命」「安保反対」などの政治的美辞の世界をケロリと忘れて日常に回帰してしまったのである。一方、大半が逮捕起訴された西部たちブント全学連の首脳陣には、その後の人生をどうするかという問題が残されることになった。

ところがこの頃、彼ら全学連首脳にある奇妙な触手が伸びていた。今日において史実として認められていることなのだが、右翼世界の大物で政界フィクサーだった田中清玄が、全学連の活動を資金援助をするということがあったのだ。田中が何らかの国内的な政治圧力によりこうした行動に出た可能性もあるが、通説的には、全学連の政治目的に明瞭にみられた反アメリカナショナリズムへの共感がゆえとされている。

表層的には左翼運動の暴発のようにみえるこの反安保運動だが、その只中で、全学連の熱心な支持をおこなっていた社会党左派の政治家たちが、騒乱の最高潮だった六月に頻繁に自民党幹部と料亭で「手合わせのレベル」を密談する、というような「政治」の裏の力に幾重にも支配をされていた。田中による資金提供も、非イデオロギー的な政治の力の交差が反六〇年安保運動にあったことの一例といっていいだろう。

田中はよほど全学連首脳の若者に好意をもっていたようである。資金援助のみならず、運動の消滅と逮捕起訴により行き場をなくした全学連首脳の面々の就職の世話をすると話をもちかけてきたのだった。全学連の最高指導者で、伝説的カリスマを有していた唐牛健太郎などは、あっさりと田中の話をうけて、田中事務所に就職、西部にも誘いをかけた。ちなみに田中も北海道出身者（移民元は福島県会津）である。

このあたりのことを、『六〇年安保――センチメンタル・ジャーニー』で西部は次のように回想している。文章に出てくる青木とはやはり当時全学連幹部だった青木昌彦のことで、のちに近代経済学者として京都大学教授、スタンフォード大学教授を務め活躍した（二〇一五年に逝去）。

……唐牛が宇都宮刑務所を出たあと、彼と青木と私の三人で渋谷のある酒場の止まり木に坐っていたことがある。当時の私は、いってみれば、切羽詰まった状態にあった。唐牛は私に「おい、お前いくとこないんだろ。清玄のところにこないか」と誘った。私は黙っていた。数分後、唐牛がトイレに立っているあいだ、こんどは青木が、「おい、大学院を受けてみろよ。近代経済学の本を貸してやるよ」と勧めた。私はまたぞろとっさに、青木の勧めに乗ることにした。いずれ実刑になると予想していたのだが、それまでのあいだ、勉強とかいうものをしてみたいという欲望が急に込み上げたわけである。

（『六〇年安保――センチメンタル・ジャーニー』）

こうして全学連のリーダー、ヒーローだった西部邁は政治の世界から姿をいったん消し、近代経済学研究の道に人生の再スタートを切ることになる。経済学者としての彼の業績については次章以降に後述するが、その歩みは基本的に順調で、横浜国立大学助教授を経て東京大学教養学部助教授、教授に就任、一九八〇年代中期にいたり、戦後平和主義やポスト・モダンを批判する論客としてメディアの寵児となる。「朝まで生テレビ」で私がその姿を拝することになるのはそれからまもなくのことだった。

二〇年近くにわたる西部の沈黙の時期、いったん衰えたかにみえた学生運動は一九七〇年前後に今一度暴発する。日韓基本条約締結、アメリカのベトナム戦争への深入り、日米安保条約の一〇年後の自動延長（七〇年安保改定）など、左派を刺激する政治的問題が多発したからである。だが、穏健路線を良しとしない旧ブントの潮流は、六〇年安保とは比較にならないような観念的過激性の中にのめりこみ、血みどろの党派争い――内ゲバ――の世界が展開されていく。

一九七〇年代には多数の犠牲者を出した中核派と革マル派の内ゲバ闘争、さらには日本のみならず世界を慄然とさせた連合赤軍のあさま山荘事件が起きる。大学の多くは過激化した自治会のせいでロックアウト、授業停止状態においこまれてしまう。まだしも大衆の支持を受ける余地のあった六〇安保反対運動に比べ、一九七〇年前後の過激化した学生運動は世論の支持をほとんど失い、学生たちも運動から離れていく。この時期の西部には次のようなこともあったという。

……全共闘の左翼運動にたいして、理論的にはいささかも与することができなかったにもかかわらず、心情的には闇雲に同情するところがあった。したがって、唐牛が中核派のある幹部に軍事委員長をやらせろと申し込んでいる場に同席したときも、その心情の流れ方は理解できる気がしたのである。私自身も、その幹部が疲労困憊しているというので、箱根に連れていったりもした。しかし、二人で温泉に首までつかっているとき、中核派への加入を真剣に誘われ、それにはさすがに興ざめの気分であった。

（『学者――この喜劇的なるもの』）

唐牛は結局、田中のもとで落ち着くことができず、逸脱者として生き続け、一時期は漁師業などに転じたのち、一九八四年、四七歳の若さでガンで他界した。もし、西部がこのとき、田中のもとに行った場合はどういう人生を歩んだろうか。数多くのアウトサイダーの親友をもち、自身の人生との近接を感じていた西部だが、その中でも唐牛のアウトサイダー振りは群を抜いている。戦後日本を走り抜けた逸脱者の一人といっていいだろう。

机上の予想でしかないが、私は、唐牛ほど逸脱者の気配をもたず、落ち着きを何とか求めていた二〇代後半の西部は、田中のもとで着実な実業家、フィクサーとして存在感をたくましくしたのではないかと思う。しかしやがて、「朝まで生テレビ」の保守派パネラーとは違う形であろうが、一度離れた政治の世界に回帰し、私たち日本人の前に現れることになったのではないだろうか。

10 「転向」について

この二十年間の沈黙の時期について、西部自身は否定的に語ることが多い。しかしこの時期、西部は幼馴染の夫人との再会、結婚し家庭を得て、精神的には安定の時期に差し掛かっていたように思われる。また第二章以降のテーマになる近代経済学批判に関しても、西部は近代経済学の学問体系に対しては批判に転じていったが、宇沢弘文などの東大近代経済学の理論家には人格的に惹かれることがかなりあったようだ。安定とともに、蓄積の時期にさしかかっていたのだ。

一九七七年から七八年にかけては、学者としてであるが、アメリカ、イギリスへの留学も果たしている（カリフォルニア大学バークレー校、ケンブリッジ大学）亡くなる少し前のタルコット・パーソンズと面談議論したり、アメリカ、イギリスのそれぞれで現地人とのトラブルに苦しんだりと、知識人の国際的感覚のようなものも確実に身につけていく。

しかし西部にとってどうしても気にかかるのは、自身が離脱していった六〇年安保闘争の意味についてであった。連合赤軍事件などの源流（ブント）をつくりだしてしまったことについて、西部は相当に自戒の念に苦しめられていた。その苦しみは、西部が平穏な知的蓄積をすればするほど、極大化の方向に向かっていった。ときどき、平和な日常生活を送る西部に向かって「これほどの左翼の残酷な惨状について、どう責任を取るつもりなの?」と涙ながらに訴えてくる人物がいて、西部が深く傷つくというようなこともあった。

何しろ、内ゲバで殺し合いを繰り返す中核派などの左翼過激派幹部に、西部の懐かしい旧友が数多くいたのである。他人事ではないのは当然だろう。また「忘れた振り」ができるほど西部はしたたかな人間ではなかった。青木昌彦のようにアカデミシャンとして完全に生まれ変わる道も、唐牛健太郎のように永遠の逸脱者として生きる道も西部の選択の外にあった。おそらく西部の人生で一番苦しい「出口なし」の時期だったのではないだろうか。

吉本隆明の理論に「転向論」という分野がある。戦前の日本共産党幹部の多くが逮捕され、或る者は獄中で思想転向して出獄し、或る者は転向を拒否して終戦まで獄中にあった。この思想転向について、戦後派文学の作家・文芸評論家を中心に様々な倫理的問題が語られた時期があり、吉本はその転向論をもっとも優れた形で提示したといわれた。

大学生で吉本の転向論をはじめて読んだ当初、私はなぜこのようなテーマが思想や文芸世界の大問題になるのか、まったくわからなかった。それは自然なことで、一九九〇年代はじめに大学に入った私の世代は左翼の政治運動はほとんど穏健化しており、国家権力の側にしても死に物狂いでそれを弾圧するということはなくなっていたからだ。転向しようにも、転向する元のイデオロギーを有することがほとんどない時代に変わり果てていたのだ。

転向論の意味を知るためには、二〇世紀前半の左翼運動の過去を認識する必要がある。戦前の日本共産党はソ連・コミンテルンの国際下部組織として、革命暴動のためにあらゆる手段をつくすテロリスト団体であった。資金確保のために強盗、恐喝、詐欺、はたまた美人局、猥褻写真なども使う。ついには銀行強盗事件まで引き起こしている（一九三二年・赤色ギャング事件、ただし松本清張らはこの事件は共産党内の警察スパイによる陰謀としている）。政府・警察側の弾圧も共産党の行動が苛烈だった分だけ激しいものがあり、小林多喜二の拷問死などの事件も起きたのはよく知られている史実である。だが実のところ「転向」の問題の本質に、こうした日本共産党の行動の過激さはあまり関係ない。共産党の思想が、「宗教的なるもの」を形成していたことこそが、「転向」の問題を、戦後の文壇・論壇に引き起こした。このことこそが肝要である。

「思想転向して何が問題なの？」と平然という私にはそのことがわからなかった。社会主義・マルクス主義が本質的に有しているユダヤ・キリスト教的な性質――「転向」とは「真理」を裏切ること――ということ、それがゆえに倫理の問題が語られるということがまったく実感できなかったのである。だが、私は西部邁の本を読み進め、彼の六〇年安保闘争を巡っての精神的な苦しみを知るうち、吉本の転向論が意外なほど広い時代的射程を有するものだということに気づきはじめた。

ここで吉本の転向論を概括してみよう。戦前の日本共産党は、宮本顕治のように、二十年近くも獄中で社会主義思想を曲げないでいたものもあり、野坂参三のように延安やモスクワに亡命し活動を継続したものもいた。左翼に共感しない人間でも、こうした「非転向者」の粘り強さは立派と思いやすいといえる。だが吉本は、こうした頑迷な非転向者が実はもっとも見えにくい「転向者」なのだという。

「なぜならば、かれらの非転向は、現実的動向や大衆的動向と無接触に、イデオロギーの論理的なサイクルをまわしたにすぎなかったからだ」と吉本は『転向論』でいう。宮本たちは確かに一つのイデオロギーへの絶対信奉がゆえに、ひたすら隔離拘束を余儀なくされた。しかしその宗教的行為のために——社会主義、マルクス主義は一神教的宗教なのだ——本来、革命の原動力を担うはずの民衆・大衆への観察、接近をまったくすることなく、どんどん社会の中で遊離をしていった。

このように、左翼イデオロギーへの非転向が、民衆・大衆からしてみれば転向という意味を形成していくという逆現象が、日本共産党幹部たちに起きたということになる。反面、頑迷な宮本たちとは違い、獄中で転向して実家に帰されたが、そこで民衆・大衆の生々しい現実を観察し、それへの接近を苦しみながら継続した人物に高い評価を与える。たとえば中野重治がこの高評価に該当する「転向した非転向者」とされる。中野は『村の家』などの小説で転向者の生活、悲哀を重厚なリアリズムの文体で描きつくした。戦後、共産党に再入党しているが、党の芸術への理解のなさに幻滅、一九五八年に離党している。

ここで「戦前の日本共産党」を、六〇年安保反対闘争のブント幹部にあてはめてみることにする。反対運動への大衆の支持が消滅したのちも左翼過激派を継続した西部の旧友たちが宮本顕治的な「非転向を貫いた転向者」で、青木や唐牛たち全く異なる日本の現実に身を転じた面々が中野重治的な「転向した非転向者」という図式がとりあえず成立することになるだろう。もちろん、この図式にはいろんなレベルがあり、「非転向を貫いた転向者」で左翼運動に従事していない人間もいるだろうし、「転向した非転向者」の中にも自己保身を第一に左翼思想から身をひいた人間もいるに違いない。

11　政治的人間・西部邁

西部邁の転向はどちらの図式に属するのだろうか。あるいはどちらの図式により近い人間といえるのだろうか。彼は「宮本顕治的」なのか、「中野重治的」なのか。

西部が旧友を前に、左右のイデオロギーを抜きに伸び伸びと話している――もしかしたら西部の生涯の対談でもっとも自由な対談かもしれない――長崎浩との対談に再び触れてみよう。二人の話のテーマが「六〇年安保の敗北感」を巡ってのものに移行したくだりである。西部はこんなふうに言う。

西部　ただ僕が言いたいのは、そのある種の敗北を宣言しあう意識というか、過剰な誠実さに対する違和感のことです。自分たちは敗北した、しかし生きていかなければならない。だから金が必要だとか、企業文明に寄り添おうとか、そんなふうにしていく人々が僕は昔からわからないし、今もわからない。わかるけどなじまないという感じがあるんです。そういう意味では、どんなに負けようとも、俺は負けたわけではないという一線があります。ちょっと変なたとえだけど、この前辞典で調べたら、カメレオンというのは環境に合わせて色合いを変えていく。ところがカメレオンの腹部にはあごから肛門にかけて、色が変わらない一線があるんだって。そこは変色しないんですね。僕もカメレオンのように、高度成長になればそれに色を合わせなければいけないし、八〇年代になれば、ニュー・サイエンスとかポスト・モダンにも色をわせなけりゃいけないということはわかっているんだけど。どこか腹部の隠されたところに全然変色しない一線があるはずだと思う。そのことが昔から気になっていて、それが最近ますます気になってきている。

（『ビジネス文明批判』）

二〇年の沈黙の中で左翼運動から離脱し、左翼思想を否定しつづけた西部だが、離脱と否定を強めれば強めるほど、六〇年安保闘争の中で自分を鍛えてくれた何かを否定できないという気持ちが高まっていった。そのことが改めて確認できる箇所である。近代経済学の先鋭となり、東京大学教授となった西部の「転向」は、図式上は決して「非転向を貫いた転向」の側にはいない。西部の転向の複雑さは、その「恥じらい」にあるといっていいのではないだろうか。学生政治運動から「転向した非転向者」として東大教授になり、さらにはメディアの寵児として久しぶりに日本人にその姿を見せることができた。しかし彼自身はどこかで強烈に恥じらいつづけ、安保闘争からの「転向」に関しての自己否定から自由になることができなかった。だから西部はここでカメレオンの比喩を自身に擬えて言っているのだ。

いったい、なぜこれほどまでに、西部本人は六〇年安保闘争の時間にこだわりつづけたのだろうか。言い換えれば、なぜこれほどまでに彼は苦しみぬかなければならなかったのだろうか。ここで私は「エピソードの人」西部邁に、「不必要なほどの生真面目さ」という補助線を付けくわえて書き込まなければならないと思う。もちろん吃音からの立ち直りのこと、夫人との別れや再会、唐牛たちとの男らしい友情など、彼自身の存在にかかわるエピソードが一番豊かにひしめいている人生時間、それが六〇年安保闘争の短い時だったのは明らかである。

だが西部邁は、肩の力を抜いたままその時間を語り終えるということはできなかった。彼自身が――あの概念語の混雑の世界の文章を記して自分を追い詰めてしまうこととほとんど同じ精神的次元で――「自分は裏切ったのだ」という倫理的な苦悩から、どうしても自由になれなかった。生真面目さと「恥じらい」は表裏一体であり、中野重治のような転向者にもそのような「恥じらい」はあったに違いない。だが西部は「恥じらい」をその次元にとどめず、何かの形をもって「非転向者への回帰」を現実化しようとする作為を――しかも何とも矛盾したことに「保守主義」というかつてのイデオロギーと全く別の形によって――みせたのだ。これは日本の近現代史の数多くの転向者に、まずみられないといっていいほどの驚くべき生真面目さといっていいだろう。

たとえば死にいたるまで繰り返された西部の民主主義批判、大衆批判も六〇年安保闘争のエピソード世界から導き出すことが可能である。一九六〇年の夏、あれほど熱烈に西部たちの演説と指揮に熱狂した大衆・民衆たちは、ブントの指導者をあっさり見捨てて日常に帰っていった。西部は生涯の敵を、抽象的な形とはいえそこに見出したに違いない。しかし西部の苦しみはそのさらに先にある。自分は生涯の敵を前にそこから裏切り、逃亡してしまったユダなのだ。ユダとして生きることだけでも巨大な負い目なのに、彼はかつての自分の罪の清算を、左翼とは違う形で実現しなければならない宿命を自らに課すという、二重の苦しみ、ほとんど矛盾を背負って「六〇年安保以後」の時間を死に至るまで生きたのだ。

こうした西部の転向の複雑さを前提に『六〇年安保――センチメンタル・ジャーニー』を改めて読みなおすと、自分あるいは自分たちの仲間について、これほど「肯定」と「否定」を行ったりきたりしている矛盾の書はないことがわかる。しかし矛盾の書を記す西部は実に生き生きとしている。なぜならば、一九六〇年安保についてエッセイストふうに語るときだけが、ユダの苦しみを背負いつづけた西部のやすらいだ時間、あえていうなら「許された時」だからなのである。

……マルクス主義も共産主義も糞くらえ、といってのける人間を少なからずふくんでいたのが共産主義者同盟、つまりブントである。そんな自由な組織は、そもそも組織といえるほどのものではないのであって、空中分解して当然である。

……様々の魔語は戦前世代にとってはよくやくにしてありついた恩恵だったのであろうが、戦後世代にとっては懐疑すべき、さらには打破すべき空語と映った。戦後思潮の虚妄を発くという否定性においてブントの情念は燃え上ったわけだが、その否定性がいずれ自分自身に対しても向けられざるをえないであろうという予感がブントをとらえていた。

（『六〇年安保——センチメンタル・ジャーニー』）

12　不良少年U君

さて西部の文章力には、概念語・外来思想語を混雑させた論文と、文学的才気に富んだエピソードの語り手、エッセイストふうのものに大別できると私は言った。後者は以上のように、西部の政治的自我の完成である六〇年安保闘争の回想のときなどに如何なく発揮される。しかしエッセイストふうの文章力がもし、内容を学究的なものへと解放をしたらどうなるのだろうか。

西部の代表作の一つとして取り上げられることの多い『大衆への反逆』（一九八三年、文藝春秋）は書下ろしではなく、数多くの論考を集めた論文集だが、オルテガ、ハイエク、サルトル、マルクス、ケインズ、ヴェブレン、レヴィ＝ストロース、ヤコブソンといった思想家たちを、西部のエッセイスト能力によって個別に語っていく手捌きは、実に見事なものだった。大半が一九八〇年前後に書かれたもの、つまり西部の二十年の沈黙の後半期に書かれたもので、西部のこの時期の知的蓄積もよく示しているといえる。それどころか、この文章力の配置――エッセイストの文章力により社会思想論や思想史を語る――をするとき、西部の思想家としての力は最大のものになるのだ。
たとえば次はサルトルについて語った文章だが、概念語や外来思想語などの余分な「肩の力」はどこにもみられない。

……負項として定着させてしまうことに負い目を感じてしまうような思想を各人各様に持ち合わせているのだろうが、私の場合、サルトルとスターリンがそれに当るのである。思い返してみるに、サルトルにかんする雑談には、かれを批判することによって際立たせられる正項がいつも登場するのであった。たとえば、その実在的企投の深さにおいてニザンの決断と比べれば、サルトルの自由は女学生の繰言にすぎぬのではないかという言辞を、私はどこかの喫茶店でほざいたことがあるにちがいない（中略）このような表立っての否定にもかかわらず、というよりもそれゆえにこそ、サルトルは私にとって大事な存在であるらしいとうすうす感じてもいた。その異形の存在が私の依拠しうる思想と論理を逆写してくれたからそういうのではない。想うに、サルトルは自分が必ずや負項にくくられるであろうことを、あの哀しいまでに気味の悪い片眼で、しっかと見抜いていたのではないか。正項に属する思想と論理が次々と移り行くことの空しさを心ゆくまで見透したために、そしてそこで戦慄に身をゆだねることの空しさも知ったために、希望という空しい一語で自分の人生をしめくくる決意をサルトルは固めていたのではないだろうか。

（「サルトルの奇妙さ」『大衆への反逆』）

サルトルを単に否定するのではない。まるで気楽な雑談のような語り口で、否定ということがもつアンビバレントな意味——何かの意味の生産——を西部はエッセイストとしての文章力を通じて言っている。その口調にはユーモアさえ漂っているようだ。私にも否定したい、嫌いな思想家はたくさんいる。しかしこんなふうな品性をもった批判力には、私はいまだかつて一度も達したことがない。

あるいはレヴィ＝ストロースを論じた次の文章の締めくくりは実に洒脱である。「どこでこんな表現をおぼえたのだろうか」と『大衆への反逆』をはじめて目にした大学生の私は、感心のあまり首をひねったほどである。余程の読書力をなした人間でなければ——その勉強はこの二十年に渡る西部の沈黙期においてなされたものであろう——このような文章を記すことはまず不可能というべきである。

……自問——私は優れた園芸職人をおおいに尊敬できるのに、優れたコムピューター専門人をたいして尊敬できないのはなぜなのか。自答——一本の植物の栽培には、植物学のみならず天文学、気象学、化学、経済学、工学、歴史学、美学などなどが、レヴィ＝ストロースにならっていえば園芸職人のブリコラージュのなかに、全体性を微妙に保ちつつインテグレイトされていて、その構造的安定性を感得することが私の場合の尊敬ということなのだろう。

（「レヴィ＝ストロースの躊躇」『大衆への反逆』）

西部のこうした文章力の巧みな配置は、次章で述べる経済学者としての業績においても非常によく発揮されている。『経済倫理学序説』『ケインズ』『蜃気楼の中へ』『大衆の病理』などの名著は、すべてエッセイスト的文体でもって、経済学、思想、哲学を論じている。この時期の西部の論考には、概念語・外来語を濫用する苦しい文章の癖はまだあまり見当たらない。

だが『大衆への反逆』に所収されている数多くのエッセイの中で、最高の出来栄えを有したものは（思想的文章ではなく）疑いようもなく「不良少年U君」であろう。この短いエッセイの秀逸さは、数多くの生前の西部でも群を抜いている。一九八〇年代は、私の中学校などもまさにそうだったが、校内暴力が相当に蔓延した時期であった。西部はその世相から話を掘り起こす。

「思えば私とて、行儀のよい生徒ではなかったのだ。昔の私みたいな子供たちが、今日という時代の条件を背負って悪戦しているのやもしれず、さすれば、不良少年たちに一抹の同情も湧いてこぬわけではないのである。しかしそれにしても、今の不良少年たちはアウトローとしての孤独も矜持も不足しているようにみえる。甘やかされた餓鬼といった以上の印象を彼らから感じるのは、おおむね、難しい」そういう西部が語り始める幼馴染のU君との長きにわたる不思議な交友の思い出がこの「不良少年U君」というエッセイである。

私はこの文章ではじめて、西部が幼少時からアウトロー、アウトサイダー――不良少年――

であったことを知った。しかもU君と同じく、成績はきわめてよかった。さらには世界文学全集を読みふけるなど、大人のペダンティズムも二人ともたっぷりと兼ね備えていた。「成績優等でしかも知的にも防御されたアウトサイダー」それは教師たち体制側の面々からは、文句がつけにくいだけにひどく嫌われ、ますます孤立感を深めざるをえなくなる。孤独になればなるほど、二人の親密さが深まっていく。「精神的同性愛」という形容を西部は用いているほどだ。

二人の交友は高校二年のときにU君の高校中退によっていったん途切れる。その後U君は北海道の暴力団のメンバーになり入獄と出獄を繰り返す。西部の方といえば、ブントのリーダーとして逮捕起訴され留置場拘置所を出入りする。時は過ぎ、経済学の大学教員になった西部のもとに一五年振りに彼があらわれた。重症の覚せい剤中毒に苦しんでいたU君であるが、西部を（もちろん、西部の側も同じく）親友と思い続けてくれていたのだ。

だがU君はやがて西部たちの前から姿を消していってしまう。再会を果たした翌年、今度は北海道のU君の家を西部が家族を連れて訪問する。「……夕方、「これからノミの仕事だ」といって彼は外に出た。彼の一人娘は「お父さん、家にいてえ」と激しく泣き叫び、彼の妻は声もなく娘を抱きしめていた。それは、暴力団の父や夫をもった女たちの真底からの不安とみえた。そして翌年には、彼も家族も行方知れずになっていた。嘘か真か、被害妄想のせいで、他の暴力団に訳もなく襲撃をかけ、仲間からすら見捨てられたとのことである」そして西部はこの小エッセイを次のように結論づける。

……彼の不良化には必然性に近いものが感じられた。一度も他人に甘えることを許されなかった人間がギリギリと追い込まれていく模様が、少なくとも私には、明瞭にみてとれた。むろん今は今でも、何らかの強力なメカニズムが作用して、子供たちを締め上げているのかもしれない。それが私のような世代の人間にはよく感受できないのかもしれない。しかし、なお、私は次のような想像を禁じることができないのである。校内暴力にあけくれているのは、U君のことを不必要に恐れ、不自然に見下していた私の同級生たちによってふしだらに育てられた子供たちである、という想像である。現在ひろがっている少年の不良化は、人間の善性を身の程知らずに軽信して、人間の良・不良があやうく拮抗しているにすぎないのだということを察知できなかった我らが民主主義のひとつの帰結なのではないか、さて、私の子供たちはいったいこの先どうなっていくのか、そんな怖い問題について言及する紙幅がもうないのは幸いである。

（「不良少年U君」『大衆への反逆』所収）

大学生のときの私は、このUさんは、おそらくこの世のどこかに消し去られてしまったに違いない、と思っていた。しかしUさんは生きていた。しかも、この『大衆への反逆』のエッセイが世に出ることにより、彼はふたたび人生で生きる力を得て、西部のもとに現れ、Uさんは壮絶な後半生を送ることになるのだ。

このUさんについてのその後は、後章において西部の自死の問題の周辺において詳しく述べる。いずれにしてもこの「不良少年U君」の文章は、「エピソード」を語ることによりふたたび「エピソード」が生み出されていくという、まさに「エピソードの人」西部邁の真骨頂といってよい出来事だった。

「不良少年U君」のエッセイはまた、私が本章において述べてきた六〇年安保闘争への西部の執拗なこだわり――あるいは西部の「恥じらい」「生真面目さ」――の理由を西部の少年時代にまで時空間を広げた形で私に教えてくれるものでもあった。西部は「自分の人生がもしかしたらあだったかもしれない」という仮想のパラレルワールドに、アウトサイダー、アウトローを置くという感性を生涯有し続けた人間だった。唐牛たちブントのリーダーへのほとんど激しいとさえいっていいオマージュは、不良少年U君との原体験があったからこそ語りうるものだったといってていいだろう。

『大衆への反逆』はオルテガやサルトル、ケインズなど西部が二十年間の知的蓄積の中で格闘した思想家たちへのすぐれた論考であることはもちろんである。安定の時期にさしかかっていた西部はこうした成果を見事に表現した。だが、そのような中でも、西部の心情の根底には、アウトサイダーへの消すことのできない思い入れが継続しつづけた。それが「不良少年U君」という珠玉の作品の意味するところなのである。

「エピソードの人」として私が西部を意識しはじめた時代、その周囲の時期の彼についてはこれくらいでよいだろう。次章は「エピソードの人」からやや趣を変えて、近代経済学、大衆社会論、保守主義哲学など「理論の徒」としての西部邁を垣間見ることにしたいと思う。

第二章　近代経済学批判から大衆社会批判へ

1　ソシオ・エコノミクス――「沈黙」の終わり

学生運動から離れた西部がまず飛びこんだ経済学の世界は、「ケインズ革命」といわれた新古典派経済学からの離脱が、全盛から終焉を迎える時期に差し掛かっていた。ケインズ主義的な市場介入主義が赤字財政を生み、ポストケインズといわれる思潮が台頭しはじめていた頃にあたる。「ケインズは古い」というある種の流行語は、一九八〇年代から急速にアカデミズムや経済の現場で囁かれるようになった。

西部自身は宇沢弘文ら正統派のケインズ学説を通じ近代経済学を学びながら、早い時期からポストケインズの流れに共感しはじめていく。ただし後述するように、西部のケインズ理解は相当に両義的で、単純なポストケインズの思想とは相当に距離を有していることに注意しなければならない。特に伝統や慣習を軽視する傾向にある新自由主義の風潮には安易に乗ることを避けていた。

西部は様々な文章で「自分は近代経済学全体になじめなかった」と自嘲気味に回想しているが、

世間や学会は一九七〇年代半ばに登場した西部の経済理論に高い評価を与える。「ブントの学生運動家」の次に彼に与えられたポジションは「経済学者」だった。たとえば日本の経済学史では西部は「社会経済学＝ソシオ・エコノミクス」の旗手として今なお（恐らくこれからも）必ずあげられる存在だ。このソシオ・エコノミクスとは何か？　経済学史の教科書では次のように説明される。

……このグループ（ソシオ・エノコミクス）の人たちによれば、合理的個人＝ホモ・エコノミクスと完全競争の仮定によって築きあげてきた理論体系は虚構であるという。新古典派体系では、独立した合理的個人がまずあって、それらの集合として社会が構成されている。しかし、個人はそもそも出発点から社会の刻印を負った社会的個人として存在するのであり、ホモ・エコノミクスであるよりは、むしろ「ホモ・ソシオロジクス」としての人間を想定すべきだという。

……ところで、経験的リアリティとは、あるがままの具体的経験のことではなく、具体的経験と照応しうる仮説を生み出すことのできる潜勢力を意味する。たとえば、非合理的な行動、個人には還元しえない集団や全体性に照応しうるような理論上の構えのことである。前者は、従来の合理的個人＝ホモ・エコノミクスの枠組みではとらえられない人間行動であり、後者は、個人を形成する集団的場の存在を意味する。

（中村達也ほか編『経済学の歴史』）

たとえばヴェルナー・ゾンバルト（一八六三〜一九四一）というドイツ歴史学派に属する経済学者がいた。ゾンバルトは後年のナチス支持や反ユダヤ主義への系統により否定的評価をされることが多いが、彼の主著の一つ『恋愛の経済学』はソシオ・エコノミクス的思想に富んだものだといえよう。ゾンバルトは、人間の消費行動を最大に高める社会的要因を「恋愛」にあるという。そして国王・皇室を有した君主国においては、国王をはじめとする皇族が恋愛をすると、国民もまた恋愛を好むようになり、国家の消費意欲は向上する。ゾンバルトは「恋愛」と「消費」、さらには国民消費と君主・皇室の隠された関係を巧みに説いたのである。

新古典派以降の近代経済学は、膨大な数学的レトリックを通じて、市場や国民経済の動向の分析、予測をしてきた。しかし経済学が前提としている「経済的個人＝ホモ・エコノミクス」があまりに仮説的な存在にしか過ぎないために、分析や予測は繰り返し限界と破綻を余儀なくされ、主流派理論の交代が繰り返し起きてしまう。これはそもそもゾンバルトの説のように、人間個人の多面的な社会人としての側面＝ホモ・ソシオロジクスを軽視したことによって、経済学は根源的な誤りを犯してきたからなのではないか。これがソシオ・エコノミクスのとる思考法であり、こうした「周縁的思考」が一九七〇年代、ケインズ批判の風潮とともに次第に経済学全体に有力化しはじめたのだ。

あるいは西部が非常に高く評価する（これも後述する）アメリカの制度学派の経済学者ソースティン・ヴェブレン（一八五七～一九二九）の「誇示的消費」の概念（経済学ではこれをヴェブレン効果ともいう）などもソシオ・エコノミクスの思潮に合致する。たとえば豪奢なスポーツカーを乗り回し、高価なブランドものの衣服を纏った個人がいる。が、この個人の自宅は木造賃貸の一部屋アパート、日常の食事はカップ麵、というような場合、この個人は「みせびらかし」という人間の社会的欲求に従って経済・消費行動をおこしている、ということがいえるのだ。

西部はこのソシオ・エコノミクスの知の潮流をいちはやく日本において理論化した人物であった。西部はその問題意識を次のように明示化し、自身の経済学理論――近代経済学の土台そのものを懐疑する新しい反経済学の序章――一九七五年の処女作『ソシオ・エコノミクス』で宣言する。この書では、六〇年安保運動以降、社会発言的にみれば「沈黙」していたかのようにみえる西部の社会学、心理学、言語学（特に記号論）など近代経済学以外の分野に関しての膨大な読書量・勉強量が窺える。そしてこれは同時に、西部邁という思想家の出発宣言にもなった。「沈黙」の時期は終わりに近づいていたのである。

……この経済人の仮定が意味するもの、覆い隠しているものを多少とも明らかにし、それによって価値から離脱した経済学が、事実として、いかなる人間観、社会観に固執しているかをみてみなければならない。

……経済人の思想は、観察された事象を意図的選択の結果とみなそうとする。そのような無媒介の推論を離れるためには、まず人々の心的構造の中における諸規制に言及しなければならない。この点に触れることのない行為理論は、パレート最適をめぐる議論の多くがそうであったように、現実を「合理化」あるいは「正当化」するための形式に堕してしまうおそれがある。

……たとえばこのように、経済学者が自明のこととして扱ってきた概念や仮定のうちには、存外であやふやで役にたたないものが多い。経済学が社会科学の帝王でいられたのは、個人の基礎には物質的欲望があり、そして社会の基礎には経済過程がある、という通念にさせられてのことであった。ひとたびこの通念を疑ってかかると、経済学は他の諸科学の成果を体内に汲みとるべく、自分の体系を開いたものにしなければなるまい。学問の境界線を多少とも越境するという難事が待ちかまえているのである。

(『ソシオ・エコノミクス』)

2　両義性の人・ケインズへの愛憎

処女作『ソシオ・エコノミクス』は基本的には論文集の体裁をとっており、政治的テーマや文学的エッセイといった西部らしい文章は見当たらないようにみえる。だが「処女作はその作者のすべてを物語る」の格言の通り、この書にも西部の文章ワールドらしい「落差」がまさに序文に存在している。この『ソシオ・エコノミクス』は、学生運動の盟友、唐牛健太郎への次のような「経済学の書にふさわしくない」文章から始まるのだ。

……本書を十五年来の知り合いである唐牛健太郎氏に捧げるのは、かつて最も勇敢な全学連の闘士のためというよりもむしろ、この夏、乱獲のせいで年々少なくなってきている漁を求めて暗夜に船出する底曳き漁船の漁師唐牛氏を、妻といっしょに見送ったときに感じた、そういって氏に失礼でなければ、自分もこの漁師と同じような「行」を修めようとしているのだ、という観想めいた気分からである。

（『ソシオ・エコノミクス』）

この文章を、西部らしい六〇年安保時代へのノスタルジーと解釈しきってしまうことはきわめて容易い。しかし私は西部の親友であり、戦後日本を代表するとさえいっていいアウトサイダー唐牛への親しみ深い文章が、『ソシオ・エコノミクス』以降の西部の近代経済学批判の方法論を巧みに暗示するものではなかったのか、と考えている。数理的な経済学論考ではなく、西部の本領であるエッセイスト的な文章力を用いた人文書的分析で、近代経済学の辺境にある人間を描くその宣言めいたものが、正統派の経済学の理論書にふさわしくないこの唐牛への文章の意味することだったと私は思う。

こうして、西部の近代経済学批判の知的戦略＝人文書的分析が開始される。彼がまず取り上げたのがケインズであった。この人物選択からして西部の方法論は逆説的であり、ある意味での「落差」さえ感じさせるものだ。ケインズはまさに――崇拝者や批判者のどちらからしても――正統派経済学の只中に位置づけられている人物だからである。「辺境」を志向するソシオ・エコノミクスにふさわしくない人物――ゾンバルトやヴェブレンのような経済学の辺境人とは正反対――と考えるのが自然であろう。このような逆説を飲み込み西部がケインズ論に取り組んだ時期は一九七〇年代後半から一九八〇年代にかけてのことで、この時期の後半は『大衆への反逆』の諸論考が書かれた時期と重なっている。

前述したように、西部は経済学理論や経済政策理論においては、ポストケインズの理論に軍配を上げつつ同時に、ポストケインズの面々の大半が移行した新自由主義に対しても、相当の警戒心をもっていた。この警戒心は新自由主義の「レッセ・フェール（為すに任せよ）」という古典派的自由への回帰が、安直な自由崇拝＝近代進歩主義の裏返しだと考えていたからである。

こうした視点から、彼がポストケインズ派に属する経済学者で繰り返し高く評価するのはオーストリアの経済学者ハイエク（一八九九〜一九九二）で、これはハイエクが「自由」の問題についてーーのちの西部の保守主義理論のキーワードにもなるーー「伝統」や「慣習」ということを重視する哲学を打ち出していたからである。一方、ハイエクと並びポストケインズ主義の旗手の経済学者とみなされながら、「自由」の問題を底浅くとらえている（レーガノミクスの理論的指導者でもあった）ユダヤ系アメリカ人の経済学者フリードマン（一九一二〜二〇〇六）について西部は次のように痛烈に罵倒している。

……一切の計画思想にたいし体系的な批判をくりひろげ、自由の哲学を守りつづけた第一人者はハイエクであろう。その含蓄あふれた新自由主義の思想を前にしては、ケインズの景気政策や福祉国家の平等化政策のみならず、レッセ・フェールの無政策も色あせる。真正な自由を守ろうとする矜持もその余命も、今やハイエクによって支えられているというのが私の偽ざる感想である。

（『経済倫理学序説』）

……フリードマンの吐くセリフには空語が多い。たとえば「消費者のほんとうの欲望や希望」といった類の表現をためらいなく用いる。しかし「ほんとう」の欲望や希望など消費者にいくら聞いても分るはずはないのだ。欲望や希望は個人に発するとともに社会に根を下ろしているのだから、社会を知ることがなければ欲望や希望の本体はみえてこないのである。そしてその本体がみえてきたとき、ひとは自分がどれほど強く社会に拘束された不自由な存在なのかを知らざるをえないのである。

（『大衆への反逆』）

福祉国家や過剰な公共投資策を否定したフリードマンは「保守派」経済学者とみなされることが多い。しかし自由や道徳の問題について進歩主義者や社会主義者と何ら変わらない楽観性をもっている以上、「保守派」とはまったく考えることはできない。沈黙の時期を終えた西部は、大衆批判論・保守主義を漠然としたものでなく「理論」の対象にしようとする格闘を繰り返す。この「理論」からして、野放図で放埓な自由論しか有してないフリードマンは問題外の人物なのだ。

ではケインズはどうなのだろうか。西部は、ケインズは「両義性の人」だったという。

……学問、評論、政治および私生活のすべてにわたって、ケインズはいわば両義性の思想に殉じた。彼が直観的かつ実践的な気質の持ち主であったために、その思想は飾り気なく愚直にむき出しにされており、鮮烈である。両大戦およびファシズム、スターリニズムという荒療治をうけることによって近代大衆社会がより高次の現代大衆社会へと変容していく過程に際し、彼はその祭司であると同時に生け贄であった。思えば、時代の転換期に生きる人は、ほとんど誰しもそういうふうにしか生きられないものなのであろう。人並優れ果敢に時代の命運に身を託したせいで、彼は不遜で軽率な人物だとみなされがちである。実際に面と向かえば辟易としたやもしれないと思わぬではないが、やはり謙虚で誠実だったのだといいたい。

（『経済倫理学序説』）

3 「ケインズ殺し」の犯人さがし

ケインズが同性愛者であったのは有名なエピソードだ。また彼は、投資やマジックに異常な執着を見せたこともあったという。多くの同時代の人間が、ケインズの非道徳を指摘している。しかしケインズは非道徳的人物だったとはいえない、と西部は解釈している。「結局、ケインズが背徳者であったとしても、それは、ヨーロッパの道徳的基礎が音立てて崩落していくということについての極めて道徳的な痛覚を伴うものだったといえる」（『経済倫理学序説』）といい、「両義性の人」ケインズの非道徳を単純にとらえるべきではないという。

「背徳者が道徳的痛覚を有する」という西部の言い回しに首を傾げる人もいるかもしれない。しかし道徳が健全安定した時代にこそ、この言い回しは真理として存在する。たとえば二一世紀の世知辛い日本の現在、同性愛の賛否が政治問題で語られている。しかし同性愛自体に道徳的問題は存在しえない。道徳問題とされるべきは「同性愛をどのような次元で語りうるのか」ということに尽きる。たとえば日本史上、数多くの同性愛者が皇族や御家人、戦国武士などに存在した。

おそらくそうした人物の大部分が、同性愛結婚という、おおっぴらに背徳を無害化するような社会に反対であろう。
背徳は厳格な道徳の反作用があってこそ秘められた文化として存続しうる。これを歴史上の多くの背徳者はわかっていたからである。ゆえに、同性愛という「背徳を楽しむ人間」が「道徳的痛覚を有する人間である道徳人」であることは少しも矛盾しない。ケインズもまたそうした道徳的人間だったということである。言い換えれば、自由というものが道徳や慣習の支配を受けなくなったときの危うさをケインズはよく知っていた。こうして西部はケインズを、そのような、時として野放図、しかし道徳なき世界の怖さも知っていたとみなす。フリードマンとはまったく正反対の人物ということになる。

……自由とは、まずもって個人にかかわる問題であるが、その個人のなかに、ケインズは合理と非合理、安定と不安定あるいは善と悪の双方をみた。これら相克するものを媒介しようとしたのがケインズの生というものである。
（『ケインズ』）

……しかし彼は道徳にかんし自分がどんな状態で何をしているかよく分かっていた。それすらよく分からなくなった現在、アンファン・テリブルたちがケインズを血祭にあげている。それを批判する道徳的立場が私にあるわけではないが、私は、その光景が経済学における人間喜劇であるとの印象を拭うことができないでいる。

（『経済倫理学序説』）

……いったい、ケインズは経済世界における秩序の根幹をどこらあたりに見ようとしていたのだろうか。私見によると、経済の秩序は、いくら頼りなくとも、慣習の上しか成り立たないのだということをケインズは知っていた。ケインズがいくつかの経済変数の硬直性あるいは粘着性に注目したのはそのためである。

（同上）

西部はケインズに相当の共感を抱いていることがわかる。ケインズの時たまみせる「背徳」のエピソードも、アウトサイダーを好む西部の範疇に充分入る許容可能なものだといえるだろう。ほとんど西部好みの「保守主義者」といってしまいそうになるのをケインズに関しての文章の端々から感じるほどだ。

だが多くの人が知るように、歴史的現実は残念ながら、政治論・経済学理論においては、ケインズは保守主義者といわれる資格をほとんど欠いていることを示している。現実世界のケインズは自分の経済理論の実現のために、「大きな政府」の存在の必然を生涯にわたって政治的に説き続けた筋金入りの進歩派、社会民主主義者だったのである。

西部はここで、既存の経済学がほとんどもちだすことのなかった「大衆」という概念を引っ張りだす。ケインズほど知的に洗練された精神貴族であっても、「大衆」の侵入を防ぎきることはできなかった。「大衆」に奉仕しつくすことによって、ケインズの経済・政治理論は西部の理想とするところから遠く隔たってしまった。ケインズの存在を時代遅れにならしめたのは、ポストケインズの経済学理論ではない。進歩・自由を盲信する「大衆」であって、「大衆」がもたらす病理は、前述したように、フリードマンのようなポストケインズの経済学者の内部にさえ巣食っている。これが西部の「ケインズ殺し」の犯人さがしの推論である。

……ケインズは大衆のことを、大衆社会の真の恐さを、よくわかっていなかったのであろう。大衆とは単に統計的な大量なという意味でのマスのことではないであろう。つづめていうと、近代の大衆は物質的快楽主義と社会的平等主義とを信条とする教団の信徒たちである。

（『ケインズ』）

……ケインズは説得という名の政治のために大衆のなかに入っていった。より正確には、新聞・雑誌の類のなかに自分の片足をおいた。彼の場合、説得の主要な内容は既成の指導的意見を批判することにあったのだから、彼の聴衆あるいは読者たる大衆はひとまずは自分の同調者になる可能性のある人々とみなされた。大衆の支持を背景にして旧態の観念のうちにまどろんでいる指導者たちを撃とうとしたのである。その意味で彼はデモクラットつまり大衆の力の信奉者であった。

（同上）

……だから、反ケインズの潮流が大衆にたいする全幅の信頼を偽装してケインズの選良主義や計画主義を攻撃してみせるとき、私は、「ちょっと待ってくれ、ケインズ主義はほかならぬ大衆の要求したものなのだ、かれはそれに疑心をひた隠しにしながら律義に応えつづけただけではないのか」と反論したくなる。ケインズ主義に関する観念の市場の需給均衡点において、いってみれば、近視眼的進歩主義の価格が成立したのである。

（『大衆への反逆』）

4　吉田茂論──「被害者」の視点からの大衆批判

読者はここで、六〇年安保闘争の終焉とともに、西部が強烈に感じたに違いない、去っていった大衆への嫌悪と、この「ケインズ殺し」の犯人さがしが軌を一にしていることを感じられるであろう。ケインズというヨーロッパ精神のよき申し子──私自身は必ずしもそう思わないが──を弄んだ「大衆」と、六〇年安保の西部たちブントの青年たちの精神に同調した振りをみせて他人事のように消え去っていった「大衆」、西部はケインズの読み解きにより、自分の生涯にわたる「敵」のイメージをつかんだということができるだろう。

ではケインズのように、大衆民主主義への嫌悪をもった「精神貴族」でありながら、いつのまにかその大衆に圧殺をされてしまった人物を近代日本史の中に見つけることはできるだろうか。

経済学のテーマからはやや離れてしまうが、西部は一九九〇年代に至り、吉田茂論を何篇か記している。通説的な理解にしたがえば、吉田茂は敗戦日本を戦後憲法体制とアメリカ型民主主義に妥協的に誘導した人物で、西部にとって最も忌み嫌うべき人物と考えるのが自然である。ところが吉田への西部の評価は、ケインズの評価に対してと同様に、相当に二面的なものである。嫌悪どころか、大衆民主主義に圧殺されてしまった吉田に対して、むしろ同情しているとさえいっていい。

外務大臣や首相になった戦後政治史の事実を差し引いた先にみえてくる個人としての吉田は、民主主義、労働組合その他の左翼を憎悪し、天皇皇室と庶民を心から愛する、西部の基準からすれば理想的な保守主義的自由主義者だった。吉田は右派の全体主義も共産主義の亜流として激しく嫌っており、戦前のイタリア大使時代などは、ムッソリーニへの表敬訪問を故意にほとんど避けたというエピソードもある。

逮捕拘禁を招くほどに彼がかかわった戦時中の講和工作にしても、講和グループ主流派のソ連仲介案に対しては「共産主義がもちこまれる」という理由から絶対反対で、イギリス・アメリカとの直接交渉を主張し続けている。戦争末期には海軍軍令部に頼みこみ、潜水艦を借用してイギリスにむかい直接交渉する、などというとんでもない計画を考えたりしたが、このような政治的蛮勇も西部の好みとする吉田の個性だったといえるだろう。「吉田茂、それは一九二〇年代から五〇年代にかけての我が国の最も良質な精神の代表にほかならない」とまで吉田を認める西部は、次のような解釈を吉田に対して与える。

……このことは彼の庶民感覚と、つまり職人などとざっくばらんに付き合うことができたという能力と、矛盾するものではない。吉田が「庶民」のうちに見ていたであろうものは、彼らがほぼ無自覚のままに保有している歴史感覚、つまり「歴史の英知」のようなものであったに違いない。たとえば、天皇の存在によって象徴されるような「伝統」への敬意が庶民の中に包蔵されていると感受したがために、吉田は庶民への親近感を隠さなかったのだ。言ってみれば、(天皇のような)外在的な権威が庶民の慣習のなかにひそかに天下ってるはずだと吉田は考えたのである。

(『この思想家のどこを読むか』)

ところが吉田は、混乱の中における「戦後現実主義」思想への妥協の中、今日まで継続している戦後憲法体制すなわち西部が標的とする大衆民主主義の旗手になる。これは吉田自身の思想とは大きく異なる現実の招来といわざるをえない。しかし西部は吉田を痛罵したりすることはしない。ケインズ理解と同様に、吉田に「被害者」としてのポジションを持たせていくのだ。

西部は、戦後間もなくの国内食糧難問題(どうしてもアメリカの支援を期待せざるをえなかった)や吉田自身の反軍意識の強さ(吉田は陸軍統帥派を嫌悪していた)などの要素から吉田の間違いを弁護する。さらに吉田の最大のミスは、次のような思想的なものに起因すると西部はいう。「アメリカ型民主主義」を、吉田が理念にしていた「イギリス型民主主義」と区別しないままに吉田が取りいれた結果、吉田の政治家後半生と戦後日本の惨状が登場してしまったと結論づけるのである。

……だがここでも吉田は、そして当時の大概の識者とやらたちも、軽率の罪を犯した。「個人」をどうとらえるか、その「自由」をいかなるものとみなすかにおいてアメリカとイギリスのあいだに大きな違いがあることを彼らは看過したのである。個人の個性、それはその国の歴史的慣習（というよりその精髄としての文化的伝統）をいかに引き受けるかという形で形成される。そう考えるのがイギリス流である。それに対してアメリカ流は、「個人の尊厳」という観念に重きをおいて、歴史・文化や慣習の前に個人の欲望をおく。

（『この思想家のどこを読むのか』）

ここで「大衆民主主義」を「アメリカ型民主主義」に置き換えれば、西部のケインズ論と吉田茂論はほとんどパラレルだということが判明する。事実、西部は一九九〇年代以降、大衆民主主義批判をアメリカ批判に重ね合わせる知的戦略に転じていく。もちろん、西部のこの「アメリカ」と「イギリス」の対置は図式的に過ぎるという批判は可能である。その図式性が西部の思想において大きな無理として圧し掛かってくる。だが私はここで、西部が二〇世紀の大衆民主主義の典型ともいうべきケインズと吉田茂の双方から「被害者」という要素を引き出したという思想行為に注目をしたいと思う。

大衆民主主義の魔力によって、まさにその大衆民主主義の旗の担い手にされてしまった二人の精神貴族――ケインズと吉田茂――に深い同情を感じてやまない西部は、自身が大衆民主主義のリーダーとして多くの「精神的被害者」を招いたという贖罪めいた意識を、思想史や政治史の一面に感じることがあったのではないだろうか。もちろん、六〇年安保においても、樺美智子女史のような、より直接的な「被害者」がいて、西部はそのことに苦しめられたに違いない。連合赤軍事件に対して、間接的な責任を激しく感じたというエピソードもたくさんある。

大衆民主主義という「敵」に対する意識だけでなく、「被害者」の歴史に対しても深い関心を抱かざるをえない。これは「生真面目さ」「優しさ」といっていいものではないか。たとえばマルクス主義者などは、自身の「敵」の歴史に敵意をむき出しにするだけで、決して自身の思想の「被害者」への共感に力を尽くすなどということはしない。アナーキストやナショナリストにおいても大概は同じであろう。もし私のこの推測が正しいとすれば、西部という人は、単なる生真面目な人、優しい人物ではない。「生真面目さと優しさの怪物」、とでもいうべき思想的人格の持ち主だったといえるのではないだろうか。西部の思想に時折感じる生々しいリアリズムには、こうした生真面目さ・優しさの背景があるとしてよいと私は考えている。

5　アウトサイダー・ヴェブレンへの賛歌

西部にとってケインズを読み解く意味は、正統派人物の中に、非正統派的なるものを見出し、通説的な近代経済学やケインズ理解に対して異論を確立することにあった。しかしケインズと並んで西部が取り上げて挑んだ経済学者ヴェブレンは、その人物像・理論ともに異端の徒とされている人物、おそらく近代経済学の歴史で最大のアウトサイダーとされている人物である。

ソシオ・エコノミクスの説明で触れた「誇示的消費」にみられるように、ヴェブレンの展開した経済学理論はたいへんにユニークなものである。彼はホモ・エコノミクス＝経済人の虚構を見抜いて、経済学的な個人を「象徴」と「言葉の慣習」の主体――すなわち意味を求める個人――と把握しなおしたのである。これは西部が理論的に目指すソシオ・エコノミクスの方向性とまったく軌を一にする方向性だといっていい。さらに注意すべきは、ヴェブレンの理論で大きなウエイトをしめている「象徴」「言語」「慣習」といった概念が、のちに確立されていく西部の保守主義理論に強く継承されていくことだ。

たとえば、ヴェブレンには「女性のドレスの経済理論」という、なんともユニークな題名の有名な論考がある。ここで彼は、有閑階級の多くにおいて、「衣服」の要素と「ドレス」の要素が経済分析上、ほとんど噛み合うことがないという。前者は生活環境に密接した機能的なものだが（たとえば、寒さや暑さをしのぐ）後者はそのような機能をほとんど排除している。では「ドレス」は「浪費」という欲望なのだろうか。ヴェブレンは「必ずしもそうではない」、という。「これらの浪費的な商品の着用者や購入者は、浪費を望んでいる、ということではない。彼らは支払う能力を明示することを望んでいる。探求すべきものは浪費という事実ではなくて、浪費の出現である」（「女性のドレスの経済理論」）つまり、浪費ではなく、「浪費をみせびらかす」欲望という、近代経済学では説明できない個人の欲望が、国民経済においてかなりの資力を占める有閑階級において存在することになるのだ。

他にもヴェブレンは資本主義産業内、物つくり的な製造業と、利潤追求の手段である営利業に区分されるとし、後者の隆盛は必ずしも社会全体に健全な貢献をなさないとした。前者は日本・ドイツ・北欧などに顕著な職人資本主義気質、後者はアングロサクソンやユダヤ系世界において根強い金融資本主義気質と言い換えてもよいだろう。こうしたヴェブレンの区分は、資本主義のビジネス文明的要素に否定的な西部に大きな指針を与えるものであったといえる。西部は次のようにヴェブレンの理論を評価している。

……ヴェブレンの貢献は、経済学における意味論を物質主義と快楽主義とから解き放ったところにある。かれの視点は、制度としての象徴という人間に独特の平面にしっかりとすえられていた。象徴とは、さしあたり、言語をはじめとする記号によって象られる意味のことだといえよう。

……いずれにせよ、言語を中心にして綾なされる象徴世界に深くのめり込んだヴェブレンが、そこで辛くも身を持するべく頼りにしたもの、それも言葉であった。そして一般に、言語によって言葉を解釈するという思考過程が悪循環に陥るのをふせぐには、より高次の語彙と文体をつくり出さなければならない。
（『経済倫理学序説』）

だが西部はこうしたヴェブレンの理論に何倍も増して、その人生に共感していることに目を向ける必要がある。西部のヴェブレン論はその相当の面が理論についてではなく人生に関してのものなのだ。経済学の異端に位置する学者として不遇をかこったヴェブレンの後半生もさることながら（彼はカリフォルニアの山小屋に引きこもりその生涯を終えた）少年時代から徹底した逸脱者、アウトサイダーとして生きたヴェブレンの人生時間に対して、西部は深い親近感の視線を注いでいる。これはなぜなのだろう。

6 「北国」「北の人々」へのまなざし

ヴェブレンはノルウェー系アメリカ人の出身である。ノルウェー系の白人は、「黒人の方がまだしもアメリカ国民としての人権を多く受けている」、といわれるほどにアメリカ社会で孤立した存在であった。ヴァイキングの末裔であるノルウェー人は、コロンブスよる遥か以前に北米大陸に到達した白人であるにもかかわらず、すぐには大陸に移住定住することをなさなかった。また「一番乗り」の民族にもかかわらず、コロンブス以降に新大陸に移民したノルウェー人たちのコミュニティは極めて閉鎖的で、他の民族系列の移民との折り合いは極めて悪い面があった。

幼少時のヴェブレンは家庭で英語を使うことを許されず、ノルウェー語を用いて会話させられていたという。ところが、ヴェブレンはそのようなアメリカ社会の異端であるノルウェー系アメリカ人のコミュニティの中でさらに異端を気取る筋金入りのアウトサイダー、異端者の中の異端者であったのである。「しかしヴェブレンは、すでに少年にして、忠実なノルスキーではなかった。同胞から犠牲者が出ているにもかかわらず、かれは、南北戦争においては南側に味方し、スー族の大反乱でもインディアンの肩をもつのであった」（『経済倫理学序説』）と西部は指摘する。

前章で指摘した通り、西部は唐牛健太郎や『大衆への反逆』のU君のようなアウトサイダーを常に自分の世界のパラレルワールドにおいている。ヴェブレンへの異様なほどの共感もまた同じ心情から湧いたものだということができるだろう。加えて私が注目したいのは、唐牛やU君のアウトサイダー振りに分かちがたく付随していた「北海道」という辺境の要素が、ヴェブレンにおいてはヴェブレンの出身地であるアメリカ北東部（ウィスコンシン州）彼の出自であるノルウェー系移民という「北の国々」「北の人々」要素へと置き換えられている気配についてである。

北海道の開拓民二世にあたる西部は北陸・富山の浄土真宗の僧侶の血筋を父方に有しており、「出自を異にする棄民の慣れの果ての集まり」「共同体なき似非共同体」と西部がいう北海道南部において彼は（アウトサイダーへの憧れを抱きながら）育った。北陸・富山を「ノルウェー」に、北海道を「北東部アメリカ」社会へと読み解く。こう考えると西部のヴェブレンへの人生への共感・賛歌は、国境や民族を越えたものとして成立したということが理解されるのではないかと思う。

たとえば、次は、学生運動で逮捕されたのち、いったん故郷の北海道に帰省したときの西部の回想の引用である。アウトサイダー人生の只中に陥ってしまった西部に対して、故郷・北海道と彼の家族は、複雑な愛情をもって彼に相対した。そしてそののちの引用は、異端者ヴェブレンの故郷への帰省についての文章であるが、西部は心のどこかで、「辺境世界（ノルウェー系アメリカ人）のさらなる異端」として自身とヴェブレンの共有する何かを強烈に感じたのではないか、と私は推測する。つまり、ヴェブレンという「異端中の異端」から、西部は「自分が生きることの正統」を読み解こうとしたのだ。

……青函連絡船はもう翌日の夕刻ということであった。大きく波打つ暗い海をじっと見下ろしていると、「いつか、こういうところに飛び込むという人生の巡り合わせが自分にもやってくるかもなあ」という気分がごく自然に湧いてくる（中略）そしてまた夜がきて、やっと札幌の我が家の敷居を跨ごうとすると、父親が、その立場上やむをえぬ科白として、「敷居を跨がせない」という。青年は踵を返して、「母親に死なれて男所帯となっている友人宅」にでも泊ろうかと「石山通」をゆくと、母親が追いかけてきて彼の腰にしがみつく。

（『ファシスタたらんとした者』）

……休暇でノルウェイ集落に帰ったとて、そこでも、かれは少年時代と同じく異端であった。故郷の古き文化にますます強くしがみついていく集落のなかにあってヴェブレン家は孤立していたし、ソースタインはその家族の一員からすら「うぬぼれ頓馬」とみなされる始末であった（中略）「かれは、自分の母親と一緒に笑っているときが一番幸せなような、まったく孤独な青年であった。ほとんどいつも、かれは自分の裡にとじこもり、自分自身の考えに憑かれていた」のである。

（『経済倫理学序説』）

このように西部は、ケインズとヴェブレンという二人の（正統と異端の）経済学者への人文科学的アプローチを通じて、自分の思想家としての歩みを確かにする手掛かりを得ることができた。ケインズの人生からは、「大衆」という生涯の敵なるものを、ヴェブレンからは、「アウトサイダー」に加えて「北＝辺境の故郷」の共通項というものを読み取り、それを知力化した。これが近代経済学者の時期に西部が得ることのできた大きな成果だったのである。

もし西部が沈黙の二〇年間に、近代経済学ではなく、「学生運動のイデオロギーに近いから」というような理由でマルクス経済学を専攻に選択したらどうなっただろう。「革命」や「階級」など、二〇代の西部にとってあまりに自分の人生時間に近しい言葉に彼はアレルギー反応をおこし、早々にそれを学ぶことから離脱してしまったのではないかと思う。もしかしたら左翼運動に回帰してしまったかもしれない。そのように考えれば、西部の存在と距離があるようにみえる近代経済学の世界に入り込み、冷却期間も兼ねつつ新しい自身の知の動きを読み取ったのは幸いなことだったように思える。なお、西部邁と「北＝辺境の故郷」すなわち北海道の世界の複雑なかかわりについては、後章において詳細に解説する。

7 「知識人」と「庶民」の理想共同体

近代経済学から理論武装の力を得た西部は、一九八〇年代の日本の社会的現実にコミットした言論――大衆社会批判――を展開しはじめることになる。もちろんそれまでの日本の言論人に、右派・保守派と評される人物は数多くいた。しかし大衆社会のメディアなくして言論を発することのできない現代において、大衆社会自体を批判する論客というのは、間違いなく希少な存在だったといえる。

この時期の西部と最もよく意気投合し、同じく大衆批判を目指す国内言論人に、作家の富岡多恵子がいた。富岡と西部には、共著もあり、また対談も幾度もおこなっている。大衆批判という西部の思想のある次元からすれば、富岡は西部と最も近いポジションにあった人物だといっていいだろう。二人の対談の次の箇所などは、その後多くの論客が展開するようになる大衆批判のレトリックの模範例というべき部分である。

富岡　まさにそうですね。数年前、テレビで、山口百恵さんの引退に、観客の方が口々に「モモエちゃん、ありがとう」「幸福にね」と言っているんで驚いたことがある。芸人は観客におじぎして、うしろ向いて舌出しているかもしれない。そのかわり観客も芸人の虚実を見抜いて楽しみながら拍手する。こういう関係がなくなったような気がした。喝采を浴びさせるのは、どこかにカラクリがあるのではないか、という疑いをもたない。テレビにかぎらず、ベストセラーでも他のものでもそうだろうけど。

西部　そのカラクリについて、かつての、たとえば管理社会とかいうふうな言い方だと、悪いやつがいて、悪いやつが裏でカラクリを操作して、大衆どもを躍らしているという、そういうイメージだったと思う。いまはもう一段階進んで、操作しているようにみえる人すらも何ものかに操作されているように、無限軌道を突っ走らざるをえない。言いかえれば、テレビという一つのメカニックなもののダンスというか、死の踊りみたいなものを感ずる。

（「自覚的喝采のすすめ」『論士歴門』）

ヨーロッパに目をむけると、大衆社会批判を展開した思想家は日本よりずっと多い。早くも一九世紀には哲学者キルケゴールが実存主義哲学の視点から、大衆に埋没する個人の危機を主張している。また「死の哲学」を説いたハイデガーも、大衆社会の空々しい言葉や雰囲気が人間の死の宿命を忘れさせ、人間の根源的な精神堕落をもたらすとした。しかし大衆批判を本格化した時期の西部が最も注目し、その言説の復権を唱えた思想家は、スペインの哲学者、オルテガ・イ・ガゼットであった。西部のオルテガへの傾倒ぶりは、オルテガの主著『大衆の反逆』をもじって『大衆への反逆』としたことからもよくわかる。

留意すべきは、西部はオルテガから、大衆社会批判を会得しただけではないことである。これはのちの西部の思想の展開――巧みな概念操作――においても、重要な意味をもつことだったといえる。オルテガの大衆論は知識人論とパラレルで、「悪しき大衆」とは一般的庶民を必ずしも意味しない。知識の豊富さを誇るのみの人間、とりわけ学者に多いタイプの人間を、オルテガは知識人と無縁の存在――さらに、そうした「単なる博識人」こそ大衆である――と位置づけている。では「あるべき知識人」とはいかなる存在なのか？

……断っておけば、大衆は衆愚と同じではない。むしろ反対で、現代の大衆は知力においても行動力においても大いに利口である。実際、その利口さは適応としての生において存分に発揮されている。しかしオルテガのいいたいのは、自分の利口さを疑うことをしないという意味において、大衆は（オルテガが言うところの）知識人ではないということである。

……彼の真の敵は、大衆そのものではなく、大衆を嚮導すると称して、大衆の上に「慢心せる文化」をばらまいた似非知識人にあった。「いわゆる知識人」こそが、あるいは、「専門主義化した知識人こそが大衆人の基本型であるとするオルテガの見方が広く受け入れられたら、その方が不思議である。

（『大衆への反逆』）

自身の知力を懐疑することをしない「いわゆる知識人」「専門主義化した知識人」こそが西部が敵対する「大衆」なのだ。この価値判断でいえば、近代社会の学者の大半も、「大衆」に該当することになる。ここで前章で触れた一九八七〜八八年の中沢新一事件を想起することができるだろう。あの事件騒動は、西部の思想にとっては、典型的な「大衆への闘い」という意味合いをもつものだったのである。

私見をいうなら、西部のこの区分は——おそらく西部も承知はしているとは思われるが——相当に図式的、理念的である。たとえばこの西部説の「大衆」の定義に従うとするなら、理系専門家の相当数が自己懐疑など上の空の似非知識人ということになってしまうのではないだろうか。またたとえば西部が「大衆」でなく「よき庶民」を感じるに違いない職人気質の世界でも、職人世界以外はまったく無知で関心をもとうとしない「専門家」は圧倒的多数である。毎日のように数式記号をこなしてそれを世界のすべてと思っている青白い「専門人間」と、田畑を朝から晩まで耕す農業の世界の黒々と日焼けした「専門人間」は、果たして区別することができるのだろうか。私はできないと思う。

おそらく「大衆」の捉え方あたりから、西部の思想は急速に「理想主義」の彩をもちはじめたように私は思う。次は一九八七年に刊行された『大衆の病理』の所収されている佐伯啓思、間宮陽介（ともに西部が東大大学院で直接指導した愛弟子である）との座談の一部であるが、オルテガから学んだ知識人論、大衆論から西部は、たとえば次のように大衆社会批判の先に「理想社会＝ユートピア」を自分は思想しているとはっきりという。

間宮　先生は専門人にたいして知識人を対比させてますね。専門人というのは狭い殻に閉じこもった人で、本来の知識人というのは知識の全体化を目指し、生命力にみちた言論活動を行うわけですね。他方では、大衆人にたいして先生は「庶民」という言葉を使っている。大衆にたいするという意味で、庶民も、知識人と同じ列にあるわけですね。ところで、庶民というのは、僕のイメージするところでは、「モノいわぬ民」という感じがする。ところが知識人のほうは逆に言論で言論活動を行なう。先生は、本来の知識人は、言論による全体化を目指すところに、その本来性があると考えておられますが、では庶民のほうはどうなのか。もう死に絶えてしまったのかどうか、この点はいかがでしょうか。

西部　飛びはねた言い方だけれども、僕は庶民と真性の知識人の共同体みたいなものを夢みようと思う。庶民と知識人の双方を律している最強力な原理は何かというと、義務の観念です。つまり庶民とは、いってみれば、モノいわぬ人々だけれども、彼らは、自分たちはモノをいえないという苦痛を引き受けつつ、しかしなおかつ何かに、つまり野菜をつくらねばならぬといる声にたいする義務というのは自分を超えた次元から届いてくる声にたいする服従のことですよね。知識人もそういう服従を大事と思う。つまり、知識人にとって権利概念はほとんど不要なのです。俺はこういうことをいう権利があるとか、これをほしがる権利があるというのではなくて、何が真実であるかはわからねども、やはり真実があるはずだというふうに、自分を超えた次元から、かすかに声が届いてきたような気がするので、それならば真実は何であるかについて、説明し解釈する義務があるように思うというような具合で、知識人は第一義的には義務感に駆られる。

（「共同討議　大衆について」『大衆の病理』）

8　吉本隆明との論争

「理想主義」というものは慎重に用いなければならない観念の劇薬である。二〇世紀の世界はマルクス主義イデオロギーという劇薬に多くの人間が中毒になり、ありもしない理想主義社会を夢想した時代だったといえる。マルクス主義においては芸術や学問がすべて「好ましいイデオロギー」から演繹されてしまう。「スターリン物理学」「スターリン言語学」といわれるような、奇怪な学問分野がソビエトはじめ世界中の左翼学者に流行するという事態が起きていったのはそのせいである。

しかし人間というのはそう簡単に変わるものではない。北朝鮮批判なり、南京事件なり、少しの政治や歴史の事件にそれらしい発言をしただけで「自分は保守派だ」と得意げに自称する人間を私はたくさんみてきた。「マルクス」が「保守」という言葉に記号的に入れ替わっただけというべきである。このようなことがなぜ生じるのかというと、マルクス主義があまりに強烈なグランドセオリーだったせいで、劇薬中毒から依然として世界のいたるところが逃れられていないのだ。

グランドセオリーというものはそう簡単にできるものではない。にもかかわらず、マルクス主義の時代を終わらせるには新しいグランドセオリーが絶対必要だというジレンマも存在する。大衆批判論からのちの西部は、「保守主義」というグランドセオリーを早急に描くために、相当の無理を開始しはじめる。しかも西部にとってこのテーマは、西部の「転向」の問題と複雑にかかわっていることはすでに述べた通りである。西部は「左翼でないイデオロギー」を確立して、かつての学生運動左翼の精神性のポジションに回帰しなければならない使命を自らに課した、とてつもなく生真面目な倫理的人物なのだ。

これらの問題を突き抜けるために、大衆批判以降の西部の言説には様々な論理的無理がやってくることになった。ただ、世間一般や論壇世界は、西部をひとくくりの「右の言論人」とみなし、その言説の左翼批判や大衆批判に気をとられていたので――高校生のときの私もそうだった――西部が直面しはじめた無理に、ほとんど気づいていなかった。

その西部の無理を早くから見抜いていた例外的な思想家に吉本隆明がいる。二人の対談は一九八四年におこなわれ、言葉の上では穏やかな雰囲気で終始推移したものだった。「西部さんのエッセーを読ませていただいて大変面白かった」「ただ、基本的にまるで反対なものだから、他のは全部とんでもいい、西部さんが大衆に一種の反感と嫌悪と危惧を表明しているところを、全部、今度逆に、知識人のところに転嫁してくださると、あとは結論なんかはほとんど同じじゃないかという感じがしました。だから面白かったんですね」といい西部を評価することからはじめる吉本だが、次第に巧妙な比喩で西部の難点を指摘、二人の対談の内容は論争の感を強くしていく。

例えば次の「大衆と政治」の箇所である。吉本からすると、大衆批判と政治（西部の側は保守派政治）が結びつくことはおかしいという前提がある。どう転んでも、近代国家の政治は大衆民主主義の性格を逃れることはできない。むしろ「政治などどうでもいい」と放り捨て「政治なんてどうだっていいのだ」と冷笑しつづけるのが「大衆批判者」の生き方の論理必然ではないか。しかし西部は「大衆批判」と「政治」を執拗に結びつけようとする。ここに西部の理想主義の無理の一つをみることができるだろう。もちろんそれは、六〇年安保の記憶から自由になれない西部個人の根深い人生問題に起因しているのであるが。

吉本　もっとぼくの個人的な好みを言わしてもらえば、ここが西部さんと違う気がするのですが、それじゃだれが政治をするのかといったら、大衆が嫌々ながら当番で、仕方ないからやるのがいい。ボタンを五つくらい押せばだいたい政治ができるようになる。だれにでもできるものだから、大衆があんなくだらんことはだれもしたくないんだが、ボタンを五つ押せばすむんだから、それこそ一年交代で一人ずつ当番でやろうじゃないかということになる。結局ぼくの理解の仕方では、それが最終的な政治の理想のイメージになるような気がするのですよ。

西部　そこはおそらく一八〇度近く違うと思うのです。ぼくにとっては政治というのは絶滅すべき対象とは思えない。それは政治がすばらしいという意味ではなくて、こういうふうに言いたいのです。つまり人々はいわば善悪二元の中にはさまれている。悪いこともすればいいこともする。たとえば具体的な政治家でいえば大平さんでもいいですが、最初は出世欲とか、権勢欲とか、名声欲とか、そんなものがたっぷりあって政治の舞台に上がっていった。しかし次第にその中で演技をしているうちに最後には、自分の心臓病や肝臓病をおしてでも、「国民のために」と称し命をかけるような、その点だけを見ればきわめて自己犠牲に富んだ、誇張していえば聖性を帯びたような瞬間を迎える。聖俗でもいいし、善悪でもなんでもいいのですが、そういう二元性が人々にあって、そして政治家はそれをいわば大舞台の上で典型として演じてみせる、そういう存在である。

（「大衆をどうとらえるか」『論士歴問』所収）

両者は「大衆」のイメージについても次のように対立している。大衆の生活全体に対して楽観主義をもっている吉本に対し、西部はより理想的に大衆——つまり大衆の中から選別された庶民——にこだわりをみせる。もちろん、吉本の大衆論も彼自身が認めるように理想主義的なものである。しかし私からすれば、「理想主義」の度合いは、「プロセス」という言葉を用いる西部の方が数段まさっている。西部は「政治」の力をもって「大衆」からより理想的な「庶民」を切り取ろうとしているのである。

吉本　いまから一〇年ぐらい前にはちょっと想像もつかなかったのだけれども、漁師町の腰のまがったおじいさん、おばあさんがゲートボールをこのごろは、やっているんですよね。そうすると、ぼくはとても感動するのです。美的じゃないんです、むしろ醜ですよね。だけどぼくは感動するんです。誇張とか、理念は入らないんですよ。一〇年とか、二〇年ぐらい前だったら、あるいはぼくの子供のころだったら、そういう漁師町のおじいさん、おばあさんは、暗い部屋の隅でポツネンとして一日暮らしているとか、ゴロゴロ寝ているとか、いずれにせよ、そうやってあとは死を待つ（中略）だけどいまはやはり曲がった腰で、あまり美的でない頬っかぶりなんかして、遊んでいるでしょう。ぼくは感動するんです。それは掛け値ないのです。

西部　ぼくはそういう光景をあまり見たことがないけれども、それを見たらちょっと複雑な気持ちになると思う。つまり、おじいさん、おばあさんたちが本当に苦労して、つまりこのままいけば部屋の隅っこでネコが死ぬのと同様に自分も死んでいく、これは一回限りの人生としてはまことに腹立たしい。こうなったら嫁のへソクリを盗んででも自分は蓄財するとか、あるいはどっかの畑を、息子をたぶらかして自分で管理して、それを人に貸して小銭をためてうんぬんという、そういう努力の果てにたどり着いたゲートボールなら、ぼくはそのおばあさんの背中を叩いて「おばあさんよくやったなあ」、そういうふうに言いたいのですがね。いまは国から福祉でもらったり、息子がポーンと田んぼを売って何億円入ったりというふうにしてゲートボールにありつくところがある。ぼくはプロセスをもっと大事にしたい。

（『大衆をどうとらえるか』）

西部には独立した吉本論の論考があり、この対談の数年後に書かれているが、その内容はこのときのすれ違いを意識したものになっている。たとえば次の箇所にそれはよくあらわれており、なるほど正論だが、西部によるこの吉本批判は、そのまま西部にも反転しむかってくる刃ともいえるだろう。

……いずれにせよ、トックビルがいったところの「多数者の専制」あるいはＪ・Ｓ・ミルがいったところの「世論の支配」について氏はなぜ無頓着でありつづけるのか。いやそれ以上に、なぜそんなものに期待をかけつづけるのか、私には合点がいかぬ。

（「大衆イメージの動揺」『思想史の相貌』所収）

西部もまた、「大衆」が「庶民」へとよくなって欲しい期待がゆえに大衆批判という言説を展開しているのではないか。その思想的同種に気づいていたからこそ「大衆を嫌うなら、大衆など無視すればよいのではないか」そう吉本は西部に問いかけをしたのである。あるいは自分自身の中に「大衆」性なるものが侵食しているかもしれないことについても、それは個人的に排除できるように努めればよいことである。「政治」を「大衆批判」の中に背負いこむ論理はどこにも本来ならば存在しないはずなのだ。吉本は早々にこの西部の思想展開の無理、「政治」と「大衆」の間の苦しさ、危うさを見抜いていたということができるだろう。

9 「大衆批判」「保守主義」は思想なのか

このように論理的困難を含有していた（ようにみえる）西部の言説であるが、一九八〇年代後半から九〇年代にかけての世間の情勢で、少なくとも一定の支持を世間や論壇から受けることには成功した。時代はソビエト・東欧の社会主義体制の崩壊や天安門事件による中国の動揺などで、左派にとって形成は明らかに悪くなっており、西部の論理的な左派批判はなかなかの正論の響きを有していたのだ。

また西部が常々批判していた資本主義内のビジネス文明的・金融資本主義的要素が、一九九一年以降のバブル崩壊現象により翳りを強くみせはじめていたことも、西部の論壇での活躍を大きなものにしたといっていい。こうした「保守側有利」の状況は、一九九一年の湾岸戦争後の自衛隊海外派兵の問題で、さらに強まったということができる。たとえば護憲主義をかかげて海外派兵に反対した日本社会党が世論の支持をほとんど受けられず、急激な衰退をはじめたのはまさにその象徴的な事態だった。

西部以外では（この時期の少し以前から）江藤淳、西尾幹二、渡部昇一らが「保守」「右」の論客として盛んに言論活動を展開するようになる。「保守」という言葉がしきりに日本でいわれるようになったのも大体この頃であるといっていいだろう。しかし「保守」人物がその数を増せば増すほど、「保守主義」なるものがまるで存在するかのように語り話す人間も論壇に多くなっていく。

たとえば、西部を含め日本の保守派的人物に神様のように崇拝されている（されてきた）イギリスの哲学者、エドモンド・バーク（一七二七～一七九七）がいる。バークはこの「保守ブーム」の中で、盛んに読まれ始めることになる。バークの思想が多くの示唆に富んでいることはもちろんである。しかしバークは何といっても一八世紀のヨーロッパに生きた人間で、その思想言語を二〇世紀・二一世紀の日本人が本当に実感するためには、並々ならぬ知的努力が必要になるはずである。

たとえば、バークが具体的状況問題として取り組んだフランス国王処刑やヨーロッパ諸国の慣習国際法体制の確立などについて、日本人がリアルに共感を得ることのできる政治的・歴史的事実は果たしてどれほどあるだろうか。日本では極左主義集団であっても天皇殺害を目的に掲げる団体はみられないし、経済力・国力・歴史様態・宗教など完全にバラバラであるアジア諸国でヨーロッパ的な慣習国際法体制など夢想するのはまったく不可能というべきである。バークを理解できるリアリティは、本来は日本人の外にあるといってもいい過ぎではないのではないだろうか。

「保守」の意味もまったく曖昧なまま——まさに大衆社会の流行りのワードの一つとしてどんどん使われるようになっていった。そもそも「保守」という言葉の意味を厳密にあてはめていけば、明治維新体制を確立した勤皇派のグループが「革新派」であり、江戸幕藩体制に固執した佐幕派が「保守派」ということになる。時代をより近いものにすれば、日本国憲法は保守派が「革新＝改憲」を唱え、革新派が「保守＝護憲」を主張している。さらに原子力発電というハイテクノロジーに関していうと、フランスなどでは社会党などの左派政権が推進派で、国民戦線など右派・保守派グループが反対派・廃止派であるのに、日本では真逆のかかわりになっている。旧ソビエト、中国共産党政権、北朝鮮などの共産主義体制が原子力発電推進を全く懐疑していないのも周知の通りである。

農業の問題は「保守」「革新」の区別をさらに困難にする。たとえば日本では、新自由主義を標榜する保守主義派のかなりの面々が、農業の営利化・競争化に賛成で、国際競争も是とする見解さえ強い。これに対して、本来的にグローバル勢力・インターナショナル勢力であるはずの日本共産党は、農業の営利化・競争化には絶対反対している。日本共産党のような左翼だけではない。昭和初期に盛んにテロリズムを引き起こした血盟団などの右翼グループは熱烈な農本主義を主張、もちろん農業を資本主義的競争にさらすなどということは根本的に反対だったのである。

中野剛志は、イギリスの保守思想家コールリッジを取り上げて、次のような歴史背景から、保守派が農業の営利化・競争化に反対するのは必然だという。この考えによれば、農業に対して徹底した自給体制の確立を主張する日本共産党などは（少なくとも）農業問題に関して「保守」ということになってしまう。

……農業の営利化は、たしかに生産力を拡大させたが、ナポレオン戦争の終結により、農作物の輸入が増える一方で、政府による買い上げがなくなって需要が減ったため、農作物の価格は暴落することになった。また自給自足をする農民の数が減り、他人が生産した食糧に依存する人口が増えた。その結果、人口の過剰がもたらされる一方、生産過剰が引き起こされた。小作人たちは、子供を増やして工場に送り込むようになり、若者は都会に逃げていき、農村は荒廃したのである。要するに、生産性の向上と輸入の増大によって供給が増大しているのに、需要が減少したため、デフレ圧力が発生したのである。その結果、人々は地域共同体から切り離されて都市へと流入し、劣悪な環境の工場で、労働者として働かざるをえなくなった。

（中野剛志『保守とは何か』）

根源的な問題は「日本人として何を保守するのか」ということになるだろう。しかしこの単純明快な問題提起への解答が、実に難しいのだ。日本史を全体的にみるならば、天皇・皇室文化（およびその周辺の文化群）を除いて、「保守すべき伝統」はなかなか見当たらないからである。もちろん、古代以来の天皇・皇室の問題を論ずる限りは「保守」の意味合いは明瞭であるといえる。しかし、天皇・皇室の問題をはなれたとき、「保守」「革新」の意味するところはたちまち定かでなくなってしまう。つまり「制度保守」「近代保守」「現代保守」というものは成立しえないことになる。思想史家の仲正昌樹はこの点を次のように指摘している。

……このように考える限り、日本において制度論的な保守主義の思想を展開するのは、かなり困難な状況にあるのは確かである。福田恆存、三島由紀夫、江藤淳など、日本の論壇で代表的な保守論客と見なされる人の多くが文学者であり、経済思想を本来の専門とする西部邁や佐伯啓思のような人たちも、制度よりも、日本人の精神の在り方を論じることに力を入れるのは、この困難と関係しているように思われる。天皇制を除いて守っていくべき制度がなかなか見当たらないので、精神論や文化論の形でしか保守思想を展開しにくいわけである。

（仲正昌樹『精神論ぬきの保守主義』）

仲正のこの意見に対しては、たとえば次のような反論が可能である。法的な制度ということでいえば、日本は七世紀の律令制度を一八八四年の大日本帝国憲法にいたるまで維持した。御成敗式目や武家諸法度といった「法律」は、律令制度という「君主制憲法」の下位に属するものだと考えられる。この統治形態に日本が保守すべき伝統的制度を見出すことはありうるとしてよいのではないだろうか。もっともこのような立場を採るためには、古代史に関しての知的武装を身につけることが最低限に必要になる（そのような反近代主義的な保守派も一部に有力に存在する）。しかし大半の日本の保守派は、近代以前の日本史にほとんど関心をもたないし、保守系オピニオン雑誌も、現実や近代の日本を巡ってのテーマにばかり熱をあげている。保守派自身のこうした無関心が日本における「制度保守」「近代保守」「現代保守」の成立をますます危ういものにしてしまう。

10 福田恆存――「保守主義」構築の脱出口

このような論理の塞がりに対して「思想として定義できなくても構わない」という立場ももちろん存在する。たとえば江藤淳は「保守というものは思想としては存在しない。エスタブリッシュメント（権威）としてのみ存在する」といった（江藤淳『保守とは何か』文藝春秋、一九九六年）すなわち「保守なるもの」を総論的に定義することは無理であり、各論問題的・状況問題的に「保守的立場」が存在している。だから「原子力発電に賛成する保守」があってもよいし、「農業の営利化に賛成する保守」があってもよい。日本における現代の保守的知識人の大半は江藤のいうような立場をとって、左派・進歩派との現実的問題の論争に日夜勤しんでいるのである。

しかし西部は、そのような立場には絶対に甘んじなかった。「保守主義」あるいは「大衆批判」がエスタブリッシュメント的なものであることをやむをえない前提として承認しつつ、少しでも「実体」を有した「思想」に――できれば、若いころに自分を挫折させたマルクス主義にかわり――イデオロギー、グランドセオリーに――していく必要がどうしてもあった。繰り返しになってしまうが、それが「転向者」西部が回帰するために必要な条件だったからである。
こうした西部の思考の苦行の前に「救世主的存在」としてあらわれたのが福田恆存である。福田もまた、「保守」はイデオロギーではないことが前提だという。「……保守的な態度といふものはあつても、保守主義などといふものはありえないこと言ひたいのだ。保守派はその態度によつて人を納得させるべきであつて、イデオロギーによつて承服させるべきではないし、またそんなことは出来ぬはずである。保守派が保守主義をふりかざし、それを大義名分化したとき、それは反動になる。大義名分は改革主義のものだ」(「私の保守主義観」)だが福田は、「保守派」の「保守すべきもの」は、理想主義的な実体化とまではいかないかもしれないが、少なくとも総体化できる何かであるという。福田がこだわったのは、「制度」でもなければ、「古代」でもなく、「言語」や「伝統」であった。

……悪口の巧さと文化の豊かさとは正比例する。なぜなら、悪口もスタイルを必要とし、スタイルを持つた悪口はその鋭さ、機智、諧謔等のレトリックによつて、それを言ふ者と言はれる者との間に、黙つてゐれば濁つた澱と化する虞のある憎しみを一挙に吹き消し、信頼感に基づく寛容の空気を導入する役割を果たすからである。
(『「言論の自由」の敵とは何か』)

……まづ最初に私といふものが生じて、それが習慣や感情や過去を一つ一つ身につけて行くのではない。その反対に、始めに習慣、感情、過去というものがあって、その中に生じた私がそれらを次々に取り込んで行くのです。

（『伝統に対する心構』）

西部の福田への最大の共感は「言語」に関しての要素だったといっていいだろう。この「言語」は「伝統」「慣習」が支えるとき、「保守主義の理念」が概念定義的に成立しうる。これが福田の思想から嗅ぎ取った西部の保守主義観であった。つまり西部の「保守主義のユートピア」は、「伝統・慣習に支えられた言語のユートピア」だといっていい。きわめて抽象的であるが、西部は保守主義のユートピア、イデオロギーに近いものを、ここにおいて確かにイメージとしてつかんだのだ。

西部が「保守思想の神髄」という福田恆存論を記したのは一九七九年であり、時期的に西部の大衆批判が展開されはじめる頃に一致している。西部はこの福田恆存論で、「自身の言っていることはすでに福田恆存がすべて言っていることだ、と知人に言われた」というエピソードを紹介している。いよいよ保守主義を論考やメディアを通してこれから展開しようとするときに、自分の言説は福田の焼き直しに過ぎないことを明言しているのだ。それほどまでに西部は、自身の理想や理念の向かう先、いわば思想的苦行の突破口として、福田の思想に共感を抱くことができたのである。

「真正の保守であることの際疾さに耐え抜く「精神の現象学」はいうまでもなく貴族のものであ

る。福田恆存は戦後ますます弱体化するばかりであった貴族階級のおそらくは最後の大立者である」と宣言する西部は、福田の「言語」「伝統」論に対する論理的かつ全面的な讃辞を次のようにいう。

……凡百の保守的態度、つまり既存の世界に安住する態度は福田恆存のものではない。たとえば『サルトル』に示された福田恆存の不条理感覚とでもよぶべきものは、若き日の好奇心の傾きといったような生易しいものとは思われない。不確実性を全身であびる孤独者であればこそ、福田恆存は確実性を保守せんと全身で努めるのである。人間は言葉の逆説からついに自由になれない。そうであれば、どんな確実性もたかだか虚構である。だがそれは是が非でも保守しなければならない虚構であり、それがなければいわば人間存在の底が抜けてしまう。

……福田恆存はここで保守の姿をありありと現わす。平衡術の中心には歴史をつうじて運ばれしものがある。つまり伝統がある。この単純な真実に、しかし進歩主義の時代にあって、しごくあっさりと捨てられている真実に、福田恆存はこだわりつづける。

(「保守思想の神髄」『幻像の保守へ』所収)

非常に興味深いのは、西部の福田への共感・讃辞に、福田の演劇的人生論が大きく関係していることである。劇作家でもある福田恆存は、人生論や伝統・言語論に演劇の比喩をまじえる修辞学を得意にした。こうした福田恆存の表現世界が、「エピソード」の人である西部にいたく刺激をもたらし、その共感を何倍にも増幅させたことは、福田論の次のような箇所から想像に難くない。「保守主義」を理想主義化する――しかもそれを西部のような特異な人生を歩む人間に馴染み親しむように――という非常な困難を助ける知力を、伝統・言語・演劇の要素をあわせもつ福田恆存の思想世界は、西部に確かに与えてくれたのである。

……福田恆存における演劇への志向は、虚構に遊ぶというような安直なものではない。もっと正確に言うと、遊びは遊びでも、大人の真剣な遊びである。それは、いま大衆社会にひろがっているような、小児病化した遊びとはちがう。またそれは、福田恆存のエピゴーネンにひんぱんにみられるような、虚構に魂をすいとられて個我の孤独を感じられなくなるような、老人病化した遊びともちがう。

（「保守思想の神髄」『幻像の保守へ』所収）

11　三島由紀夫論――天皇・皇室の問題について

西部の目指す「保守主義のユートピア」が「言語のユートピア」であること――それは「伝統」「慣習」「演技」という概念を伴ってもいる――は、一九九七年になされた（当時）若手評論家だった福田和也の「保守主義に実体はあるんですか」という質問に、次のように答えていることなどによくあらわれている。

……だから、こっちも幾分意図的に、あえて「主義」として遮二無二吠え立てるかのようなふりをしないと、何が保守であるかを表現できなくなると思ったんです。ただ実体的なものは何かというと、ギリギリあると思うのは「言葉」です。言葉というものは、形式であるんですけれど、話し言葉にせよ書き言葉にせよ、それ自体一つの実体なわけです。話し言葉でいえば音という実体があって、鼓膜を刺激する。活字でいえばインクなり紙なりという実体があって視覚的に表現される。ですから、言葉こそはそれこそ形式と実体が密接不可分に結びついたものである。二十世紀末の現在、伝統とは何ぞや、ということを話そうとすると、しつこいくら（『歴史を感受する力』）い言葉の問題に言及しなければならないという思いがある。

ここで仲正昌樹の「保守主義」への批判的問題提起に戻ることにしよう。西部は福田恆存の力も借りて、何とか精神論の形とはいえ、実体に近い保守主義思想をつくりだした。では仲正が「制度」という、正真正銘の「実体」の存在である天皇・皇室の問題は、「実体」を欲する西部の「保守主義のユートピア」＝「言語のユートピア」において、天皇・皇室という制度・実体はどうとらえられるのだろうか。

たとえば福田恆存と三島由紀夫は、この問題について論争対立したことがある（『三島由紀夫・福田恆存たった一度の対決』持丸博・佐藤松男）。天皇・皇室を日本文化の中心とする三島に対し、国家や天皇を超えた次元に言論や伝統を把握する福田が反論し、両者の議論は平行線に終わる。これ以外にも、西洋文化や憲法をめぐり、三島と福田は様々な対立をきたした。

「理念」や「理想」と無縁な大概の保守派は、天皇・皇室の存在を伝統の最重要部の精神的存在に位置付けて、深入りすることを避ける。だが福田恆存や西部邁のような「保守的なるもの」を精神以上のものととらえる思想家からすると、天皇・皇室の位置づけには、工夫されたある種のレトリックが必要になってくる。天皇・皇室以前に、「言語」「伝統」という概念が存在すると考えるからである。天皇・皇室は単なる言語でも伝統でもない。日本文化にとってきわめて特殊な

「言語」「伝統」の必要存在であることをこの立場の思想家は説明しなければならないのだ。言語・伝統と天皇の関わりは実は神話にこそ存在するのだが、西部や福田は日本神話にはあまり熱心に取り組むことをしなかった。

西部自身はもちろん、左派的な反天皇主義者ではない。しかしエキセントリックな天皇・皇室崇拝とは完全な一線を画している。俗な比喩を使うならば、その天皇論は「クール」なのである。たとえば次は、後年の彼の著作における西部の天皇・皇室における意味付け・位置づけである。

……私が天皇陛下万歳をいうのは、ほぼ十割、「自分の所属する国家において守るべきとされている儀礼を果たすのは国民の守るべき作法である」というごく客観的な態度にもとづいております。

……また天皇とて人間であるからには、天皇がただちに神聖だということにはなりません。天皇は、神聖の次元が国民精神のうちに存在することを示唆するのであって、神聖存在そのものではないのです。天皇は神格なのか人格なのかというのはくだらぬ争いであって、あっさりいうと、聖と俗の境界にいる「半神半人」、それが天皇という制度だとしておいてかまいません。

（『どんな左翼にもいささかも同意できない18の理由』）

ここでの西部の「半神半人」という技巧的表現に特に注意を要する。大概の天皇・皇室礼賛者は天皇そのものを「聖」の人そのものと信じてやまない。しかし西部にとっては、天皇・皇室は地上人の代表として「聖」の世界を私たちに示す祭司すなわち「半神半人」という。つまり、天皇・皇室の何等かの神秘的なパワーによって、私たちは超越的な世界を垣間見ることができる。超越世界を行き来することができるのが天皇・皇室であって、天皇・皇室自体が聖なる人物なのではない。

言い換えれば、天皇・皇室にさらに上位するもの――西部にとってそれはおそらく「言語」と「伝統」「慣習」――が存在することになる。西部にしてみれば、超越世界もまた、「言語」「伝統」「慣習」なくして成立しえないものになるだろうからだ。やはり、といっていいだろうが、これは福田恆存の保守理論に近いものがあるといっていいだろう。比較論的に面白いことに、この「クールさ」は、次のように福田恆存の天皇・皇室論にもみられる傾向なのである。

……日本の神話には日本創造が語られているだけで、世界創造のアイデアがない。だから日本人は日本における権威が世界にも通用するとつい思ひがちになる。満州に神社などをつくつてしまつたのは、かうした世間知らずから来ています。

(『日本人にとって天皇とは何か』)

……天皇機関説といふのは、「天皇なくして国家なし」といふ当時の風潮のところへ、「国家なくして天皇なし」といふことを打ち出し、天皇を国家元首として位置づけた。

（『国家意識なき日本人』）

……絶対神のない日本では、つねに相対の世界のなかで具体的な人物に絶対者を求めようとする心理があるのではないか。

（『西欧精神について』）

西部の思想的立場からすれば、福田・三島対談で議論された対立を、ふたたび三島由紀夫論の形を借りて行うのは必然的なことであったといえる。三島は戦後日本の価値堕落に激しい抵抗を示した。西部はそのことには大いに同意共感する。しかしその日本の精神再建について、天皇の聖性の復権をいう三島に対し、西部は大きな論理の隙を感じていた。

「伝統」「言語」といった西部の保守主義の主題が、三島においては（もちろん、三島は自分自身を保守派と自称したことは一度もない）「天皇」のワードの前においてまったく思考停止しているように思われたのだ。こうして一九八八年に記された西部の三島由紀夫論（「明晰さの欠如」、この論考は中上健次に絶賛された）は、三島への作家論・作品論をほとんど有していない、「天皇論」「伝統論」「言語論」に論理を集めた非常に特異な文芸評論として世に出されることになった。

西部は天皇を「共同体における禁忌の体系」「聖的な絶対者」と強く把握する三島をこの論考で徹底的に批判している。興味深いことに、「半神半人」という西部の天皇論のワードは、この段階ですでに使われていたことがわかる。「無責任」という西部の表現はきわめて手厳しいが、もちろんこれは何も三島だけに向けられたのではなく、戦後日本社会と矛盾なさそうに共存しながら、一切の「聖なるもの」を天皇に預けきって安穏としている保守派知識人すべてに向けられている批判だともいえるだろう。つまり「実体」「制度」としての天皇・皇室は、西部の保守主義理論にはほとんど取り入れられなかったのである。ちなみに西部は、靖国公式参拝肯定論者であるが、天皇家の承継問題に関しては女系論を支持する立場を死にいたるまで固守しつづけている。次のような箇所に注目しよう。

……いかなるルールもなにほどか象徴性を帯び、それらの諸象徴が正当であり正統であることを保証するために、いかほどか超越的なあるいは聖的な次元が仮構される。説明ぬきでいっておくと、天皇は半身は聖的な領域に向け、他の半身を俗的な領域に向けた仮構的な存在なのだ。つまり半神半人の虚構、それが天皇である。三島の天皇観は、同質的なものとしての民族共同体や文化共同体の象徴、というあまりに平板な見方に与しすぎている。

……トラディションのうちに秘められている平衡感覚および平衡術の智慧こそが伝統である。そしてそれを守ろうとするのが保守の真髄である。三島は少なくともその思想表現において、革命的情念や性愛的情念や詩魂に過剰に譲歩し、伝統について慎重な考慮を及ばさずに、文化共同体が維持され発展していくための一切の根拠を天皇に求めたといってよい。これはこれで、一種の無責任といわれても仕方ないのである。

（「明断さの欠如」『ニヒリズムをこえて』）

「半神半人」という西部のこの比喩にわかりづらさを感じる方は、次にあげた長谷川慶太郎との対談における「空洞」という西部の天皇についての表現を読まれるとよいであろう。日本人はその精神的な強弱を、天皇という不思議な力を有した空無――神道思想的な神秘的な空無といったら言い過ぎであろうか――により入れ替えさせられることができる。この空無の仮構・虚構こそが天皇・皇室の存在感の源だと西部はいっている。やはり西部は天皇・皇室に関しては、保守主義理論の積極的要素とはみていないのだ。つまるところ西部が「保守主義のユートピア」はあくまで「言語のユートピア」であって「天皇・皇室のユートピア」ではないと考えているからなのである。

西部　いま強いとおっしゃいましたが、私は総合評価として日本人が強いと思えない。メンタリティの中心部分に脆弱さをもっていると思う。それは仕方ないことで、その脆弱さを自覚したときに、真の強さが出てくるのではないかと思っているんです。

長谷川　まったくそのとおりで、今までは、その脆弱さを埋め合わせるものとして天皇があったわけですね。

西部　心棒は空洞になっていて、その空洞の中に天皇が生きているわけですね。

（「書斎と現場」『論士歴門』）

近代経済学批判から開始された西部の「沈黙の二十年」の総括、すなわち理論家としての西部は、この三島由紀夫批判において一つの確立の形をみせることになったといっていいだろう。六〇年安保の指導者の時間から、三十年近い月日がたっていた。日本は大きく変容したが、西部はめまぐるしく動く駒のように、激しく動き、しかしいつまでも一つの点にとどまりつづけた。すなわち彼自身の人生にとって決して多くないテーマを、近代経済学批判、大衆社会批判、そして保守理論の構築という難行を貫いて、「西部邁の理論」へと発展・昇華させたのである。

第三章　アメリカ・北海道・女性

1　湾岸戦争——アメリカに託した最後の夢

一九九〇年夏、今でもよくおぼえているが、日本はひどい暑さの夏だった。二一世紀になってときどき日本列島にやってくるようになる四〇度近い猛暑の始まりの夏だったといってよいかもしれない。そんなとき、中東からあるニュースがやってきた。例によってすぐに「朝まで生テレビ」がひらかれ、真っ黒に日焼けした西部邁——おそらくその日焼けぶりは日本国内のものではなく、どこかの海外滞在で得たものだったのではないかと思う——が、ポレミカルな議論を激しく展開したことを記憶している。

この年の八月二日、イラクがクウェートに軍事侵攻占拠し、それに対しアメリカを中心とする多国籍軍が翌九一年一月一七日に反撃を開始、二〇世紀最後の大規模な戦争が中東の砂漠で発生した。これがいわゆる湾岸戦争で、戦闘は二月末まで続き、質量ともに多国籍軍に圧倒的に劣るイラクはクウェートから撤収、三月三日に停戦協定が締結される。西側陣営に属する日本政府の対応は、憲法九条を理由に多国籍軍に対して原則的に派兵はできないという立場をとりつつ、それでは面目を保つことができないため、一三〇億円の支援を多国籍軍に対しておくる、さらに紅海の機雷を除去するために海上自衛隊の掃海艇を派遣する、というどっちつかずなものだった。

日本国内では、柄谷行人が主導となって「文学者の反戦声明」＝湾岸戦争への日本の協力を憲法の平和主義規定から拒絶すべきとする声明が出された。ここで注意すべきなのは、柄谷たちのこの動きは、七〇年代〜八〇年代の日本の左派的な平和主義をリードしていた小田実や鶴見俊輔の動きとは異なるものだったということである。実際は小田や鶴見たちもこの湾岸戦争時、活動や発言をしている。しかしほとんど注目されなかった。

それは単に平和主義声明や運動に参画しているメンバーが異なる（柄谷たち新しい世代の知識人によりなされた）ということにとどまらない。七〇年代や八〇年代の小田や鶴見たちが、アメリカなど西側陣営の戦争参画を非難しつつ、ソ連や中国共産党に擦り寄るという両極のいずれかへの追従を見せるオールド左翼のしたたかさをあらわにしたのに対し、柄谷たちのいう平和主義は、まったくの一国平和主義、すなわち世界中で日本一国だけでも戦争拒否を継続するべきだという、きわめて孤立主義的な性格を有したものだったということである。西部によると、このような柄谷たちの孤立主義的な絶対平和希求を「ガンジー主義」という。

一九八〇年代を通じて経済学批判、大衆批判、保守主義理論を蓄積してきた西部にとってこの湾岸戦争は、格好の言論戦の実践の場になる。湾岸戦争に対して二面的な態度をとった日本政府、さらにポスト・モダンの価値相対主義が「平和憲法死守」という倒錯を演じたことに対して西部が激しい論理の刃を向けたのは言うまでもない。同じポスト・モダン思想の徒でも、柄谷たちとは一線を画している栗本慎一郎との対談（『立ち腐れる日本』所収）で西部は「思想的悲劇」として柄谷たちを論難している。これは中沢事件で「ポスト・モダンとの共闘」を唱えた西部の立場からすると矛盾する面もあるように思われたが、しかし少なくとも柄谷グループと西部を隣り合わせにおけば、西部の側に正当性が充分あるように当時の私には思われた。

しかしこの湾岸戦争での西部の議論で私が注目したいのは、二〇〇三年のアメリカ・イラク戦争では激しく主張されることになる西部の反アメリカ主義が、意外なほど弱いことにある。それどころか、反米主義の過剰を戒める、という思想さえ感じられる。たとえば西部の湾岸戦争論を集めた『戦争論』（日本文芸社、一九九一年）の、次のような主張を読んでみよう。

……そうした状況のなかでの反米主義は切実味・現実味を持たない。反米という言葉は単に常套句として用いられているだけである。その意味で湾岸戦争をめぐる日本の反米主義はポーズにすぎないとみるべきであろう。こまかに考えていくと、反米の言葉をリフレインさせている人びとの多くは、個人的体験としていうと、アメリカを師と仰ぎ、アメリカなるものを吸収しようとする過程で、精神的トラウマをアメリカから受けた人びとである。彼らはルサンチマンとまではいわないまでも、アメリカ化のなかで受けた個人的な苦痛を、何らかのかたちで自分の表現において持続させたいという個人的な動機を持っていると推察される。それと似たようなことが、日本人一般のアメリカ化のなかで生じているとも考えられる。

……近現代が、自己自身にたいする不安と信頼のなかで絶望と希望のなかで、平衡をとるべく最後に見出した知恵が「ルールによる支配」なのだ。この知恵を手放さないものを文明人とよぶなら、フセイン党は――少なくとも湾岸戦争においてみせたその行動は――文明人の対極にあるものである。「ルールによる支配」を公然と蹂躙したその姿は――遣いにくい表現をあえて遣うが――土民のそれである。

（『戦争論』）

西部はこの湾岸戦争の時期、日本国内の文化的アメリカニズムに対して警戒心をもちつつ、彼が尊崇するバークの国際法秩序の確立の理念――既述したように、私はその「ヨーロッパ」の理念が、「日本」においてあてはめることができるのか、大いに疑問なのであるが――アメリカの政治力と軍事力によって確立されることをある種の理想的プランとして頭に描いていたのだ。しかしそれから一〇年の時間を通し、西部にとっての「アメリカ」はその意味を「国際法秩序の確立者」から「敵国」へと変えてしまった。西部は、日本戦後史上、最大の反アメリカ主義知識人として言論界で表現を発信しはじめる。一九九〇〜九一年の湾岸戦争、二〇〇一年のニューヨーク同時多発テロリズム事件とそののちのアフガニスタン・タリバンへのアメリカの軍事侵攻、二〇〇三年のアメリカのイラクへの軍事介入、これらはすべて性質を異にする事件であり、事件への対応が異なったものになるのは当然である。しかしそのことを前提としても、後二者の事件後の西部は、それ以前とはほとんど別人のような思想家――特にアメリカ論に関してそのことがいえる――に変貌してまった。あるいはこのアメリカ論の変貌をきっかけに、西部の思想全体が奇妙な方向へと矛盾をきたしはじめたといわなければならない。

本章では、西部の後半生の言論活動の大きな対象だったアメリカ論に主眼をおく。数多くなされた西部のアメリカ論について、結論的なことをいえば私はほとんど不同意である。時が経過すればするほど、西部のアメリカ論はエキセントリックなアジテーションの度合いを濃くしていき、「思想」といえるものを形成していないといわざるをえない。しかしその性急に変化したアメリカ論が、逆に西部の人生の意味を解読する手がかりとしては興味深いものを数々提示するのもまた事実だ。西部のアメリカ論と（その周囲の問題）はそのような分析対象として意味を有するものだと私は思う。

2　ジャンキーたちへの共感――アメリカと北海道

西部のアメリカ観が最初から明瞭な「反」でなかったことは、一九七〇年代、彼がアメリカのカリフォルニア大学バークレー校に留学教授をしていた際の滞在記、『蜃気楼の中で』に目を通すとよく判明する。感情がよく抑揚されて記されているこのアメリカ滞在記はカリフォルニアというアメリカの限定された地域でのものだが、たとえば西部は、この地域で苦難の歴史を有している日本系移民との交友を意識して避けている。

凡庸なナショナリストであれば、日本系移民と日本ナショナリズムを混同する単純をまず犯すであろう。しかし西部はそうではなかった。彼に単純な形での「日本」や「アジア」の問題が存在しないことがこのことでよくわかるといえる。「しかし、たいがいのことに物怖じしなくてよい年頃になった僕ですが、正直いって、日系アメリカ人と付き合いを求めるのはどうも憚られます。それはおそらく、彼らに対する関心が強すぎるために、彼らと接していると何か調べ物をしているような気持になるだろうということが予め判ってしまい、その失礼を慮ってしまうからでしょう」(『蜃気楼の中へ』)。
西部の観察力は、アメリカ社会の底辺にうごめき、麻薬におぼれているジャンキーたちに特に向いていく。やはり関心の本質は「アウトサイダー」なのだ。アメリカのただ中のジャンキーたちを観察しながら西部はその想像力、回想をかつての彼の故郷、北海道の「ジャンキー」へと次第に動かす。たとえば以下である。ここで彼がいう「一人の親友」というのは、言うまでもなく『大衆への反逆』に登場する、あの不良少年U君のことだ。

……麻薬中毒といえば、高校のときの一人の親友を思い出します。かれは、ずたずたに引き裂かれた家族関係の中で、赤貧のために小学校も中学校も碌に出席しなかったような少年でしたが、高校の一年から二年にかけて成績優秀な生徒になりました。しかし、二年の終りに急に高校を中退して土方になり、いくつか傷害事件を起こした後に、ある暴力団に入りました。

……僕がジャンキーたちをやっぱり「ジャンキー」という侮蔑語でよびたくなるのは、このような記憶との比較で、かれらにどうしようもなく意志の薄弱さを感じるからなのでしょう。しかし考えてみれば、意志の薄弱にせよ何にせよ、うまく体制に収まらない性質を創り出すメカニズムもあるに違いないのです(中略)ジャンキーにとって最も苦痛なことは、誇りに対する欲求がまだ自分の中に残っていると自覚するときでしょうし、麻薬はその自覚を消し去るための、たぶん唯一の手段なのでしょう。（『蜃気楼の中へ』）

こうして「北海道」と「アメリカ」が「移民国家（移民共同体）」として西部の世界では等値される。ところで「移民国家・移民共同体」ということは、その地に「先住民族」が存在するからこそ存在しうる。たとえばこの『蜃気楼の中で』でも「北海道はアイヌ人のものだった」という西部の言及がみられるが、このような北海道認識を西部は生涯にわたり変えることをしなかった。

なるほど、中世史や近世史に関していえば、北海道は本州のような「歴史」は存在しないように思われる。だが少なくとも縄文時代後期まで遡れば、北海道で縄文人＝日本人がその土地を文化的に領有していた地であることは考古学・歴史学の定説である。この縄文人こそが北海道に定住し文化を形成した最初の人間たちである。つまり北海道に先住民族というものは存在しない。

縄文人はその後、日本列島の寒冷化によりその多くが南下移動し（つまり本州に「移民」し）稲作＝弥生文化は北海道では繁栄することはなかった。だが縄文人＝和人は少数ながらも北海道に残存し、狩猟や交易をおこない生活する。アイヌ人はだいぶ時代のくだった一一世紀以降、オホーツク方面からこの和人の北海道に渡来、縄文文化の真似事をおこなってその地に定着した面々である。

考古学や古代史の視力を有しない西部のある種の弱点をここにみてよいかもしれない。こうして西部の心理に、故郷・北海道＝アメリカ＝先住民を犯した移民の地、という図式が成立してしまう。アメリカにおける麻薬ジャンキーに、北海道における「不良少年U君」を垣間見るということも彼の観念の中で可能になってしまうのだ。

3　「移民国家・多民族国家」イギリス

西部についての優れた評伝を記した高澤秀次が鋭く指摘しているように（『評伝　西部邁』）西部のアメリカ観は終始、決して平板なものではない。たとえば前章で触れたヴェブレンや、沈黙期の西部に多大な影響を与えた記号学者のパース（一八三九～一九一四）などに、「アメリカ精神の力強さ」をみる、ということもなしているのである。

ヴェブレンたち少数のアメリカ人の「アメリカ精神の力強さ」とは何か？　高澤はそれを「ヨーロッパ的なるものの継承とその超克を企図した」ものだったといい、「この未然に断ち切られた、『アメリカ精神』の可能性を追う西部の言説が、後年いかにアンチ・アメリカに傾いていったにせよ、私たちは彼を凡百の反米ないしは嫌米の保守思想家と一括することは許されない」（『評伝　西部邁』）と高澤はいう。

なるほどと思わせる評価である。しかし私は、このヴェブレン・パース的な「アメリカ精神」が、北海道における少数者＝西部、唐牛、不良少年U君たちと結びつき、このアウトサイダー的意識が西部の反米主義をさらに強いものにしたのではないかと思う。ノルウェーからのアメリカ移民の家系であったヴェブレンに「北の人々」の気配を感じ取ったという指摘は前章ですでに言った通りである。やはり北海道とアメリカをむすぶ発想から西部は自由ではない。自由ではなければないほど、西部の観念の中でアメリカは、自分たちを孤立させた故郷・北海道のような存在になっていってしまうのだ。

たとえば彼は、『蜃気楼の中へ』の段階ですでに、西部はアメリカにも北海道にも「濃厚な歴史」はないと断言している。「移民国家」「移民共同体」から導き出される論理だ。さらに後章で幾度も引用することになる西部の死生観の代表作の一つ『妻と僕』にも、「北海道」から「アメリカ」を思想的に連想する論が不意に登場したりする。西部はよく「左翼国家」という罵声をアメリカに対して浴びせるが、まったく同じように、北海道を「左翼県」と痛罵している。「濃厚な歴史」がないのだから「歴史伝統精神」も存在しえず、「左翼国家」「左翼県」にならざるをえないということになるわけだ。

……わが故郷の人々の性質をどう規定すべきか。善良、陽気、活潑、みんな違います。悪徳漢、寂しがり屋、怠け者もちゃんといるからです。田舎者、これも駄目です。北海道が「内地」の田舎者ではないように、アメリカはヨーロッパの田舎ではありません。田舎というものはねっとり濃厚な歴史に裏付けられているはずで、それこそわが故郷に欠けているものです。

……ただ、北海道は現在もなお、言われるところの「左翼県」です。つまり、炭鉱争議、国鉄争議、農民争議の歴史が尾を引いて、それが北海道の教育をして日教組教育の牙城とする、また北海道の新聞をして左翼新聞の見本とする、といった事情にありました。したがって、アメリカ礼賛を如実に感じるという機会は、我々が子供の時分から、むしろ少なかったと言えるでしょう。しかし、考えてみれば、「社会主義」とて近代主義の一つの極端化された派生なのです。それは、アメリカの「個人主義」という、近代主義におけるもう一つの極端化と通底しております。北海道は（アメリカに仕込まれた）「平和と民主」を社会主義の方向で編曲した場所である、といって差しつかえないでしょう。

（『蜃気楼の中へ』）

（『妻と僕』）

もう少し具体的な北海道＝「移民共同体」への歴史描写となると、次の『ファシスタたらんとした者』で西部が四歳から青年期、札幌に引っ越すまで過ごした北海道の厚別に関しての文章によくあらわれている。この文章はアメリカ大陸にやってきたフロンティアたちに置き換えても成立する場面だといっていいだろう。

……アツ（厚）とはアイヌ語で灌木のことであり、ベツ（別）とは川のことをさす。つまり、その地帯は日高山系の西方の裾野に広がる野幌原生林の、そのまた裾野に当たる灌木の密生する場所であったらしい。明治の半ば、その丘陵地帯に七人の信濃人が入り、灌木を抜いて畑地にし、窪地で水のあるところは水田にする、という形での開拓を続けたらしい。それがうまくいったあとは、種々雑多なところから、といっても北陸と東北を中心にして、たくさんの人間が、農民とは限らず商人や役人や坊主に至るまで、「内地」からやってきた。彼らを移民と呼ぶべきか棄民と名づけるべきかは、定かならねども、種々雑多な土地に出自する多種多様な職種の者たちが厚別住民となったものらしい。

(『ファシスタたらんとした者』)

こうした「移民国家論」「移民共同体論」に関して、私がどうしても納得できないのは、西部の観念の中における「移民」の意味についてである。アメリカはなるほど「移民国家」であり、北海道も留保はつくけれども、「移民共同体」であるということはよくわかる。しかし、移民国家や移民共同体は何もアメリカや北海道に限定されるものではない。たとえば、西部が「保守主義」精神をその国民性に読み込むイギリスにしても充分な「移民国家」であるといわなければならないのだ。

イギリス国家の存在するブリテン島の先住民族はケルト人である。もっとも紀元前九世紀にケルト人もまた、ブリテン島に先住していた民族を犯して登場した移住民族で、やがてローマ帝国のゆるやかな支配を受ける時期を経て、イギリスの前史の記憶を形成している。

そこにヨーロッパ大陸より、アングル人、ジュート人、サクソン人たち多様な種族が次々に移民し、ケルト人の文化を駆逐、これがイギリス国家の原初形態である。それらの多くを西部は「アングロサクソン」と一括りにするが、これらの移民諸部族の文化は過去も現在も、到底一括りできないほどに異なっているといわざるをえない。現在でもイギリスはイングランド人、ウェールズ人、スコットランド人、アイルランド人などの異民族の連合により成立している多民族国家で、ヨーロッパの国々の中では稀なほどに民族独立運動が強い。つまり、イギリスはむしろアメリカによく似た成り立ちと現状を有する国なのである。

イギリスとアメリカの「移民国家」性の違いがどこにあるのかといえば、移民の開始が十五世紀以降（アメリカ）と五世紀以降（イギリス）という時間的差異、イギリスの土台をつくった諸民族に有色人種が含まれていないことくらいであろう。もしかしたら西部にとってはこの時間的差異こそが大切で、五世紀のような古代世界の移民は「移民」とはいえないのかもしれない。

確かに五世紀に移民の開始のあったブリテン島と、十五世紀以降にヨーロッパからの移民が始まった北米大陸では、時間的段階はかなり違う。前者の歴史例から「移民」が「濃厚な歴史」をつくったということはいえるのかもしれない。しかしそれでは十五世紀と五世紀の中間にあたる「比較的最近の」十一世紀に北海道への移民をはじめたアイヌ人は「先住民」か「移民」か、この点はどう評価したらよいのだろうか。

現在に直結するイギリス国家の具体的創始とされているノルマン・コンクエスト＝侵略戦争＝

先住民征服は一〇六六年、まさにこのアイヌ人の北海道移民と同時期におこなわれている。時間的基準ということを重視するなら、「アイヌの先住地・北海道」からアメリカを連想するよりも、「アイヌが移民した北海道」からイギリスを想像するのが筋道といっていい。もっとも、西部の中には「アイヌ＝先住民族」という固定観念が存在するために、このような筋道はほとんど成立する余地はない。

西部には数多くの反米論の本があるが、もっとも濃い内容を有しているのは、二〇〇二年末に刊行された小林よしのりとの長編対談『反米という作法』ではないかと思われる。この対談本についていては、この章でも幾度か触れることになるが、たとえば西部は次のような（かなり一面的といわざるをえない）イギリス礼賛をおこなう。

……びっくりするのはイギリスの片田舎ですよ。住民が四、五百人いるかどうかの村にまで、どこかのおかみさんがやっているようなアンティーク屋がある。もちろん大したものは置いていませんが、古いものに価値を見出そうとする感覚が、高尚ぶった指導層だけではなく、村々の農民たちにまである。そういう雰囲気なんですね。アメリカにはそういうことは何も感じなかった。あるとしたら、むしろヨーロッパに対するノスタルジーで、ヨーロッパを人工的に再現しようとしたものが何とか雰囲気にありましたね。

（『反米という作法』）

イギリス史に不案内なせいなのか（しかし西部ほどの知識人にそのようなことは考えにくい）それとも何か断絶的ともいえるような精神的体験がイギリスであったのか、西部の観念の中には「アメリカ」の対極に「イギリス」が常に存在する。このようなイギリス認識が、次第に激しさを増していく西部の反米論の土台に常に認められるのである。西部をからかうつもりではないが、ここでいうような「アンティーク屋」は、「左翼国家」アメリカにもたくさんあるのではないだろうか。

ついでというわけではないが、西部の「左翼国家」という言葉に関しても、きちんとした反論をしておく必要があろう。「豊かさ」と「等しさ」を絶対価値におく人工的国家という意味において、確かにアメリカとソ連は似ている面はある。だがそれでは、西部が嫌う民主主義革命の最たるフランス革命記念日を建国記念日においているフランスはどうなのであろうか。またシステム面ということならば、頑迷な福祉国家路線を敷き続ける北欧国家群を無視することは当然できない。北欧と全くの対極にある「反左翼」国家こそアメリカである。国民医療保険制度を原則的に有しないアメリカは、先進国で福祉国家と最も遠いポジションにある国家という評価がありうるからだ。また「人工国家」ということなら、一九世紀にいたってバラバラであった諸連邦・都市国家を統一して国家成立したドイツやイタリアも充分な「人工国家」なのではないか。

もちろん、フランスにも北欧にもドイツにもイタリアにも、保守主義的な反対勢力は、存在はする。しかしそのようなことを言ったら、アメリカ、ロシアにも、筋金入りの保守派というのは多数存在するだろう。それどころか、ヨーロッパの純粋精神培養という側面をもつアメリカ・ロシアの保守主義は、ヨーロッパにはみられないほど過激な復古主義がよくみられる。いずれにしても国家全体を「左翼」「右翼」「保守」といった概念で括ることは逆にその国家の個性を見逃すことに結び付くのではないかと私は思う。二一世紀に入ってのちの西部の言葉遣いは、急速にそのような雑然としたものに変わってしまったのである。

4 「発言者」・小林よしのり・「つくる会」

二一世紀以降の西部の反米主義についてさらに詳述する前に、一九九〇年代の日本の政治・論壇の状況、そしてそれへの西部のかかわりについてここで少し記しておこう。

湾岸戦争より後、一九九〇年代の日本ではバブル崩壊後の不況が常態化し、日本人世論はいったん、自民党政権に愛想をつかす。しかし全世界的な社会主義崩壊の後だった状況下、さすがに世論は社会党や共産党に期待を寄せることはしなかった。この世論の変化の新しさを鋭く感じ取ったのが、自民党竹下派の策士、小沢一郎だった。この小沢がいる・いないで、これ以降から現在にいたる日本の歴史は随分と異なったものになったといえるだろう。

二〇二〇年現在、日本共産党とさえ連携を平気でおこなうようになった小沢からは信じられないことだが、小沢はもともと、西部や江藤淳など保守系評論家の多くに「保守系政治の若きヒーロー」と評価されていた時期もあった。憲法改正や税制改革を公然と主張していた一九九〇年前後は特にそうだった。その小沢が「政治改革」なる進歩的主張に転じ、自民党を離党し新生党を結党、この小沢の動きが一九九三年の細川護熙内閣の成立につながっていく。

西部や江藤は、小沢の謀略家的側面を見抜くことができなかったということになる。期待を裏切られた西部は当然、「政治改革」に転向した小沢をはげしく非難しはじめる。もっとも、小沢の謀略も簡単に成功をおさめることはなかった。自民党側も小沢に負けじと社会党を抱き込み村山富市内閣を成立させ、新生党の謀を潰す。かくして保守革新陣営は幾重にも「ねじれ」を引き起こす。

政治世界がこのように混迷する中、西部は保守系オピニオン雑誌「発言者」を一九九四年四月に旗揚げする。西部が資金繰りに苦労し発刊にこぎつけたこの雑誌は、その後休刊や再刊を繰り返しながら、「表現者」さらには「クライテリオン」と名前を変えて西部の死後の今日まで継続している。「発言者」から育った評論家も少なくなく、また「発言者」塾、「表現者」塾といった形の集いにより、多くの一般人が西部の保守思想を学ぶ場を有していく。

興味深いのは西部のこの「発言者」創刊に、中曽根康弘がかかわっていることである。西部は一九八九年前後、日本中に吹き荒れたリクルートの株券ばらまきの政治問題で、世論から集中砲火を浴びた中曽根を断固擁護する立場をとった。そのことで二人の間に交友関係ができ、中曽根が政界・財界に「発言者」支援を呼びかけたのである。中曽根の呼びかけに従い「発言者」支援に参画した中には読売新聞の渡邊恒雄もいた。

西部的な保守主義理論からすれば、新自由主義に密着しすぎ、またアメリカへのかなり一辺倒的な気配の中曽根の外交姿勢はかならずしも評価に値するものではないはずだ。護憲論的平和主義者である渡邊恒雄と西部とではさらに思想を異にするのは言うまでもないことである。しかし日本中でおこなわれた中曽根叩きに対し、大衆批判の正義感にかられた西部は、中沢事件でのポスト・モダンとの共同戦線にみせたような「政治」を、中曽根たちに対しても演じてみせたといえるだろう。ちなみに西部は中曽根と同様、第一次政権退陣の後、不遇をかこっていた安倍晋三に対しても言論的な支援をおこなっている。

今一つ、一九九〇年代の西部にとって重みのある出来事は、二一世紀に反アメリカ言論でまさに共同戦線をはる漫画家・小林よしのりとの意気投合であろう。小林よしのりは九〇年代前半、ベストセラー『ゴーマニズム宣言』などで、西部を非難することがよくあった。西部からすると漫画文化は、戦後大衆文化の典型だと判断されたからである。しかし二人は、オウム真理教事件などでみせた小林の潔さを西部が評価したのをきっかけにし、急速に接近しはじめることになる。『おぼっちゃまくん』『東大一直線』のような代表作以外、『救世主ラッキョウ』『世紀末研究所』などの初期の作品などにも多く共通していることだが、そもそも小林よしのりの作風は、世界への救済願望をもったエキセントリックな主人公の活躍活動を描く傾向が非常に強い。これは小林自身の左右イデオロギーをこえた正義感、純粋さの表れとみてよいだろう。

小林もまた、西部好みの「アウトサイダー」の強烈な個性の持ち主だったのだ。そのことを西部の側がまず気付き、小林がそれにこたえ、両者は次第に距離を近くしていったのである。たとえば『反米という作法』で、西部と小林は対談で次のようにお互いを認め合っている。

小林　わしは最初、西部さんのことを「ハエたたきジジイ」だとか「流氷に乗っけてトドと一緒に北海に流す」とか、ボロクソに描いていたんですよね。ところが『ゴーマニズム宣言』を描き続けていくうちに、西部さんという人物は、わしに偽善を見抜かれて、見当違いの悪意を仕掛けてくるサヨクとか、自己顕示欲を正当化するために知識人になっている単なる嫉妬やろうとは全く違う立場だということがわかってきた。それでわしは西部さんを美学のある本物の知識人だと認めて、『ゴー宣』の中でも謝罪してその経緯を描いたわけです。

西部　本人を目の前にして言うのも照れくさいのですが、オウム事件の問題などでテレビ局で顔を合わせたときに、僕は小林さんはいい顔をしているなと思ったんです。いい顔っていうことの意味は、すっきりした顔ということです。僕は別に人相見ではないんだけれども、顔の印象で人を判断してだいたい間違わない。そうしたら案の定というか、小林さんはオウム問題をはじめとしてあらゆる問題で非常にいい発言をしていました。そこで我々はいわば手打ち式をひそかに行なったというわけです。まあそれはともかく、僕は小林よしのりという存在を目の当たりにすると、イギリスの保守思想の大立者の一人といわれる、チェスタートンという人物と何ほどか連想が結びつくんです。彼はもともと画学生ですが、非常に行動的な人で、最後、半ば尾羽打ち枯らすようにしてロンドンに行った。（『反米という作法』）

西部と小林の親密さは一時期、異常なほどまでに高まる。ある著作（『アメリカの大罪』）などでは西部は一章を特別に設けて、「「小林よしのり批判」に対する批判」論を展開することがあったほどだ。ちなみにこの「「批判」批判」論では、大江健三郎や加藤典洋など左派知識人だけでなく、野坂昭如や小浜逸郎、宮崎哲弥などの言論人も厳しい批判の対象にされている。二人の意気投合振りがよくわかる事実の一つである。

一九九七年に結成された「新しい歴史教科書をつくる会」にも西部は参加する。西部は当初は理事として積極的に活動をおこない、西尾幹二『国民の歴史』にはじまる、つくる会参画知識人たちによる「国民の〇〇」シリーズ（渡部昇一『国民の教育』、田中英道『国民の芸術』、中西輝政『国民の文明史』など）に西部が『国民の道徳』を執筆刊行する。これは五〇〇頁をこえる大著であり、西部が唱えてきた保守主義理論の数々が国民道徳論として、存分に展開されている書だった。

この「つくる会」には西尾幹二、西部邁といった保守論壇の巨頭に加えて、中西輝政、田中英道、田久保忠衛、藤岡信勝、さらには小林よしのりと、そうそうたる面々が中心メンバーに名を連ね、「戦後最大の保守陣営の団結」の様相を呈していく。しかし「つくる会」運動の蜜月は長く続くことはなかった。この運動においてまさに「戦後最大の保守陣営の分裂」がまもなく、しかも西部自身の行動を発端にして生じていくことになるのだ。

5　バベルの塔の崩壊

一九九五年のオウム真理教・地下鉄サリン事件の際、多くの論者により露呈したことだが、麻原彰晃たちオウム真理教の幹部は、一九八〇年代に大流行をみせたオカルト的世界観の影響をおそろしいほどに受けていた。たとえば一九九九年七月に地球に核戦争レベルの大変動が起きるといった五島勉のベストセラー『ノストラダムスの大予言』シリーズなどがそれにあたる。

麻原はこうした世紀末オカルトを自身の宗教宣伝に結び付け（チベット密教であるオウム真理教が、キリスト教暦の世紀末とは本来何も関係ないはずなのであるが）様々な世紀末混乱＝その混乱の救世主に自身がなるという妄想を信者に吹き込んだのだ。相当数の新興宗教なり思想団体が、「世紀末のオカルト」にのめりこみ、それは薄められた形で——西部が批判対象とした——二十世紀末の大衆社会に病理的に拡散されていたといっていいだろう。西部の大衆批判の正しさが実証された事件だったといっていい。

結果的に一九九九年には何も起きず、二〇世紀最後の年の二〇〇〇年にも特に目だった大事件は起きることはなかった。『ノストラダムスの大予言』レベルのオカルトブームは、かつてのすさまじい狂騒が嘘のように（まさしく嘘だったのであるが）たちまちのうちに消え去っていった。かくして二一世紀最初の年の二〇〇一年が始まり、その年も特に大きな世界的事件がないまま九月に入り一一日の深夜を迎える。アメリカ東部の現地時間では一一日の朝であったこの日この時、世界中のメディアはアメリカ・ニューヨークで起きた「遅れてやってきた世紀末的事件」を一斉にけたたましく伝え始めたのである。

この九月一一日の同時多発テロについて、今日にいたるまで様々な説がささやかれている。もちろん通説は、イスラム教過激派のアルカイダグループにより四機の旅客機がハイジャックされ、うち三機が貿易センタービル倒壊やペンタゴン突入損壊を招いたというものである（一機はハイジャック後に墜落自壊）。これは一般には、アメリカの一極的な世界支配、さらにはキリスト教文明に対してのイスラム過激勢力の一大挑戦というふうに受け取られた。このアルカイダグループの報復制圧のために、アメリカはアフガニスタンへの軍事行動をまもなく開始する。その二年ののちのイラクに対してのアメリカの軍事介入も、この九・一一テロによって醸成されたイスラム原理主義＝悪という観念図式と相当に関係をしているということができるだろう。

ところがこの同時多発テロに関して、事件後まもなくして、「貿易センタービルの倒壊の様子が明らかにおかしい」「何ら火災被害を受けていない第七ビルディングが突如崩壊した」「事件を知ったのちのブッシュ大統領の対応が遅すぎる」「旅客機内で事故死したはずの人物が某国にあらわれた」などの奇怪な情報が飛び交い、陰謀論が有力にささやかれるようになる。ただしこの陰謀論は単一のものではない。たとえばそれをなしたとされる主体により「アメリカ政府自作自演説」「アルカイダの犯行をアメリカ政府が黙認した説」「国際金融資本による陰謀説」など、異なる形の陰謀論が提唱され、メディアをおおいに賑わすことになった。

この九・一一事件に関して、まず通説的立場から、アルカイダのなしたテロリズムに対して、アメリカの報復軍事行動は基本的に妥当であるという第一の立場があらわれる。保守派言論界の中核をなすに至っていた「つくる会」の多数派もこれであった。湾岸戦争のときほどではないが、保守系知識人の多くは、西側先進国＝自由主義陣営の正義を、アメリカの行動に認めたのである。

次に、アルカイダのなしたテロリズムの悪辣さは認めざるをえないが、国家犯罪でないこのテロに対してアメリカの軍事報復は行き過ぎである、という第二の言論的立場が主張されることになる。この立場の主張は進歩派知識人からなされるものが多かったが、非政治的な立場から哲学者の加藤尚武なども見解をいい（加藤尚武『戦争倫理学』）アメリカの軍事報復行動を非難した。

第三は同時多発テロ陰謀論の見解からのアメリカ非難である。「アメリカ政府が（程度の割合はあるにせよ）加担している陰謀なのだから、そもそもアメリカの軍事的報復の正義は成立しない」とする把握で、映画監督のマイケル・ムーアなどがこの立場であった。日本でも九・一一陰謀説は国会で質問議論の対象になるほどの流行を見せたが、この陰謀説と政治的主張を明確に結び付ける立場は今のところあまりみられない。

最後は第四の把握である。世界貿易センタービルに突入したアルカイダたちの行動を正義とみなし、その原因をつくり、さらには報復軍事行動まで起こしたアメリカを非難する立場である。テロリズムのあった翌日、新宿を歩いていた私はたまたま「アルカイダ絶対支持」を激しくアジテーションする某左翼過激派を見かけて愕然とした記憶があるが、要するにそのような「テロリズムは正しい」とする主張がこの第四の立場である。

余程のロジックを用いなければこの第四の立場の把握を採ることはむずかしいのは、誰の目にも明らかなことだった。ところが西部は、まさにこの第四の困難な立場を「保守主義」の帰結として採用したのだ。『反米という作法』で西部は次のように言っている。

西部　僕のイメージは、ワールド・トレードセンター・ビルが崩落したときに、旧約聖書の創成記にあるバベルの塔の喩え話にすぐ結びついたんです。そのとき人々は一つの言葉を使っていた。たった一つの基準、秩序、言葉だけを蔓延させて、さらにヤーヴェの神まで届こうというような塔、後で調べたら八階建ての建築だというからトレードセンター・ビルに及ぶべくもありませんが、それをつくった。その傲慢さをヤーヴェが撃って、バベルの塔を崩壊させ、互いに言葉を通じさせなくしたという話ですね。（中略）今まさにグローバリズムによって、儲かるか儲からないかというカネの世界になり、すべての言葉は貨幣という単一の言語に集約され、バベルの塔がニューヨークに建てられた。そして市場の活力だの選択の自由だのといって、各国の価値観が根こそぎ情報技術によって洗い流されている。比喩的に言えば、天罰が下って当然の時期です。この場合はヤーヴェじゃなくてビン・ラディンだったわけですが、その文明の堕落を象徴する塔が見事に崩壊させられた。

（『「反米」という作法』）

6　親米保守派との確執

九・一一事件に関しての西部のよく知られた発言に「ビン・ラディンはどこかイエス・キリストに似ている」というくだりがある。これはとある保守系有志の会で西部が呟いた言葉をおぼえていた文芸評論家の新保祐司が西部同席の座談会で再発言したものである。西部のこの言葉を「発言者」を通じて知った当時の私は、さすがに驚愕を避けることができなかった。こともあろうに、保守派知識人、しかも私が長い間親しく読んでいた西部邁が、こんな表現でアルカイダを支持することになるとは！

この発言は西尾幹二はじめ多くの保守系知識人の激しい批判もうけることになる。当然のことというべきであろう。のちに西部自身は「キリストは二千年前の人だが、その人の肖像や彫像がいろいろ作られており、それらには「粛然たる生真面目さ」といった共通点がある。それと似たものをビン・ラディンの写真からも感じ取れると老人は言いたかったのである」（『ファシスタたらんとした者』）と弁明に似た回想をこの発言に関してしている。しかし保守陣営内での西部の孤立は急速に進む。特に「つくる会」内部では西部の立場をよしとしない見解が強く、二〇〇二年四月には、西部は小林よしのりとともに会を脱会するに至る。

以後の西部と小林は、まるで火を吐くようなアメリカ批判と、日本国内でアメリカに好意的な保守系知識人の糾弾を繰り返す。ただしこれほどの保守内部での批判的言動にもかかわらず世論全体では西部は必ずしも孤立しなかった。たとえば九・一一事件においてはアメリカの報復行動を支持する見解の強かった日本国内の世論も、翌々年二〇〇三年のアメリカのイラクへの軍事攻撃については違和感を相当にもち、西部・小林の見解は一定の評価を得ることができた。またこうした保守陣営内での西部たちの離反行動が、造語の天才であるベストセラー漫画家・小林の「親米ポチ」――アメリカに犬のように忠実に追随する親米保守派を揶揄した――などの言葉により、各種メディアで面白半分に取り上げられもする。

「アメリカ」と「親米保守」への西部の罵倒といっていい批判の数々は、多数の著作や雑誌であまりにもたくさん記されたため、それを追うだけで優に一冊の本ができてしまう。その中であえて一例をあげると、たとえば二〇〇三年、これは西部の反米主義が極点に達した観のある年だが、この年に記された『獅子たりえぬ超大国』（日本実業出版社）で、西部が、アメリカ政府と日本国内の親米保守派を次のように痛罵している箇所をあげてみよう。

……進むも地獄退くも地獄といったジレンマのなかで、文字どおりブッシュ（藪）のなかに迷い込んでいたのがいまのブッシュ政権である。しかし間違いなく、アメリカはイラク侵攻へと突撃していく、と私はみていた。それは、どうしてか。あえて乱暴な形容を使えば、ブッシュ政権がロウグ（ならず者）の性格を露わにしているからである。そしてならず者は、進退極まったときにはほぼ必ず進むほうを選べばこそのならず者だからだ。それが人類の経験則なのである。

……日本だけが深くアメリカの懐に抱かれているのだ。そして、それを自己正当化するときのスローガンが「親米保守」であり、保守とは何かといえば反左翼であると考えられている。しかし、親米であること自体が左翼の一種なのだから、親米保守は大いなる矛盾に引き込まれる。「反左翼を標榜する左翼シンパ」という、とんでもない思想の爽雑物、猥雑物、それが親米保守なのである。

（『獅子たりえぬ超大国』）

湾岸戦争のときにイラクという「ならず者」を叩いた国際秩序のリーダー（と西部が考えていた）アメリカが、「ならず者」に転落し、のみならず、そのアメリカを支持する言論人は「左翼シンパ」のレッテルを西部にはられてしまうことになったのである。だが一〇年かそこらの間にアメリカや保守派言論人の側がそこまで根源的に変わってしまったのだろうか。少なくとも当時の私には、西部の側が変わってしまったように思えてならなかった。

西部たちの激しい非難に対して、「親米保守」とレッテル貼りをされた面々も当然黙ってはいない。たとえばアメリカ事情に精通、保守系知識人の中では図抜けたアメリカ通として知られ、西部・小林の標的にしばしばされてきた田久保忠衛・古森義久の二人は対談本『反米論を撃つ』（二〇〇三年、恒文社）で、西部・小林の二人の反米論に対して次のように反論している。

田久保　ありもしないアメリカの一部を自分の頭でこしらえてしまって、それをたたいているわけでしょう。もう一つは、西部さんたちで、そのけしからんアメリカと結託してアメリカの意のままに動いているような日本のいわゆる親米保守派というのがいて、この人々は米国に追随してけしからんとたたいているわけです。じゃあ、アメリカの正確なあなたの定義は何ですか、親米保守派と言われている人のほんとうの定義は何ですかと聞きたい。定義をしないで、自分で勝手に頭の中で考えた対象にパンチを振るっても単なるシャドーボクシングだと僕は思う。サンドバックを一生懸命たたいているんだけれども、そのサンドバックの中身はない、実態はないんです。

古森　まず漫画では、こちらは相手がまともな言論の相手だとは思えないので、同じレベルでモノを言いたくはないですよね。でも戦法はそのレベルからしきりと、えげつないののしりをあびせてくる。だれだって、マンガに描かれていることなんて、まともな場で議論の対象にはしたくないですよ。ところが相手はマンガのなかで、言いたい放題、描きたい放題、小林よしのり氏のゴーマニズム宣言は他人を実名入りでイヌに描いたり、サルに描いたり、そのうえに文字で悪口雑言をあびせる。現実の世界でこんなことをすれば、暴力沙汰になりますよ。暴力の反応でなければ、名誉棄損の訴訟でしょう。

（『反米論を撃つ』）

「親米保守」が一括りにできないのは確かに田久保の言う通りである。たとえば小林が「親米ポチ」の代表格として事あるごとに批判対象にした西尾幹二は、濃厚な日米歴史論の長編『天皇と原爆』を西部・小林たちの批判をまるで嘲笑うかのように二〇〇九年に執筆している。この『天皇と原爆』を読む限り、西尾は小林の言うような「親米保守」ということはまったく不可能といわなければならない。

だからといって西尾は「反米」ともいえない。現に西尾は、雑誌「諸君!」二〇〇九年四月号（終刊号）での座談会で、アメリカをどう評価するかについて「闇の宗教」という巧みな造語を用い、田久保とかなりの対立をみせている。アメリカという国は原理的にみれば宗教国家であり、しかもその宗教性の実質は極端な原理主義と大衆主義に分化した「闇」としか言いようのないものだというのが西尾の見解である。このような見解もまた小林曰くの「親米ポチ」の戯言なのだろうか。

「アジア主義の問題が欠如している」という田久保・古森の次の西部たちへの指摘も手痛い批判

だろう。西部も小林も、「アメリカを叩く」ということについて主張は思想言論として激しくするけれども、それを政治・軍事的な面でリアルにどうおこなうか、というビジョンをほとんど主張していなかったからである。

タリバンやイラクたちがそれぞれ独力ではとうていアメリカにはかなうはずがない。またたとえ日本がこれらの国を軍事支援し、「対アメリカ戦争」を遂行することになったとしても、それを現実的におこなうには、現実的にどのようなプロセスを踏むことになるのか。

田久保　ところで西部さん、小林さんの二人は、大アジア主義みたいなことを考えているのですかね。

古森　それも言わないいんですよ。アジアとの連帯なぞ、ツユほども口にしませんね。中国も嫌いなんだし、韓国もたたいている。このお二人は小林氏の一時の台湾へのかかわりを除いては、アジアとはおよそ無縁のようです。その台湾にしても小林氏は最近では悪口をマンガで描き始めていますからね。要するに、何もない、政策としてみれば、無なのです。日本だけが、というと、反日志向であって、日本論もない。あるのは自分のゆがんだ恨みつらみと、アメリカ憎し、いやいやアメリカとの協調を支持する日本人憎し、だけのようです。

（『反米論を撃つ』）

7　「本土決戦」と「フェミニズム」

政治論だけではない。「反米保守」西部の文化論としてのアメリカ評価にも異議を唱えるべき部分がたくさん存在する。たとえば私のつまらない一経験だが、自分は高校生のとき、エドガー・アラン・ポーの作品に熱中した時期があった。ところが『アッシャー家の崩壊』『黒猫』『モルグ街の殺人事件』などあのゾクゾクするような洗練された怪奇物語の数々から、私はおろかにもポーをフランスかどこかのヨーロッパの作家だとかなり長い間、勘違いをしていたのである。当時の私は文学史にはほとんど関心がなく、作家の出身地についてはよくこんなふうな思い込みをしていた。

あるいはノーベル賞作家・スタインベックである。『怒りの葡萄』『エデンの東』『二十日鼠と人間』など旧約聖書・新約聖書の神話的世界を二〇世紀のアメリカに描き出そうとするそのスタイルは、徹底した復古調の意識のもとに生まれたといえる。こうした作風は、南ヨーロッパのどこかの国の作家でなければつくりだせないとこれまた私は間違った思い込みをしていた。

こうした勘違いへの反省から、私はヨーロッパ文学とアメリカ文学の間の距離感の意外な難しさを知った。ヨーロッパ精神の再実験の場所であるアメリカには、「ヨーロッパ文学以上にヨーロッパ文学的」な作家や作品がたくさんあるのだ。このような自分の経験からすると、西部の以下のようなアメリカ文学論・さらに文化論は、少なくとも私とは相いれないものといわざるをえない。

西部　それにしても、いつの頃からなのかな。芸術にしても芸能にしても、日本人がアメリカ的なものにすっかりすり寄ってしまったのは。僕らの若いころは、アメリカ的なものというのは、下等とまではいわないまでも、二流、三流のものが多いというのが暗黙の了解だった。少々ものを感じる少年少女たちにとっては、たとえば小説にしても優れた作品はアメリカからは出てきていない。僕は嫌いだけど、ヘミングウェイだってアメリカに住めないからパリに行き、アメリカに帰りたくないからカリブ海に行って、最後に鉄砲で自殺してしまった。それから僕が唯一と言っていいくらい好きだった、ノーベル賞作家のウィリアム・フォークナーだって、もともと「アメリカ文明」に取り残された南部の出身ですから、アメリカ嫌いの反米主義者みたいなものです。

西部　政治的にいえば日本人は負けた翌日からすり寄ったわけですが、芸術あるいは趣味の世界においてまでアメリカにすり寄ったのは、やはり六〇年代頃からでしょうか。それまでの十五年、二十年は、仮にアメリカに物質的には屈伏していても、精神的に大したものを生み出していないものだという共通了解が案外深くあったと思う。ジャズや映画はやはり気晴らしの種といった域を出ず、気晴らしは大事なんですが、人間には気晴らし以上のものが必要なんです。

（『反米という作法』）

フォークナーは別に反米主義者なのではなく、フォークナーのような特異な作風と精神を有する土壌がアメリカ文学にはもともと存在するのである。日本人の戦後の海外文学の趣向についても、戦前のロシア文学優位が戦後になりフランス文学に転じたのであって、アメリカ文学は戦前も戦後も日本人にとって傍流である。

音楽論や映画論に関してはさらにいただけない。ジャズや映画の意義を「気晴らし」とする議論もどうかと思うが、アメリカ映画の性格はそのような一括りにはまったくできない。もちろん、通俗的な映画作品はたくさんアメリカに存在する。しかし西部が嫌うような白人至上主義のアメリカ西部劇映画を「マカロニ・ウェスタン」として変形し流行らせたイタリア映画の世界の「気晴らし」は西部にとって果たして問題にならないのだろうか。

西部の反米論の欠如をこれ以上指摘するのは生産的なことではないので留め置く。いずれにしても、いったいどうしてしまったのだろう、というほどアメリカ批判のその論理は雑なものになってしまっている。しかし彼の文章力そのものは全体的には少しも衰えてはいない。前章で指摘したとおり、この間も西部はきわめて優れた文学的エッセイを発表しつづけており、それらの文章を読む限り、西部の感受性は衰えるどころか、逆にますます鋭敏になっているといっていいのだ。このことが西部の豹変をさらに「謎」めいたものに感じさせてしまうのである。

「謎」をどう考えるべきか、についてのヒントのまず一つは、「少年の本土決戦」の精神的継続ということである。終戦時に六歳だった北海道の西部の周囲にも、多数のアメリカ軍が進駐してきた。これは西部自身も認めていることだが、北海道のアメリカ進駐軍は、本土列島のそれとは違い、臨戦態勢的な意欲と準備がきわめて旺盛だった。ソ連軍の南下すなわち第二次世界大戦の継続戦争の可能性が北海道において存在したからである。

西部少年は、アメリカ軍の兵士たちの傲岸さに対して敵意を子供心にもったという。この頃のアメリカ観は多くの彼の回想に登場する。少年は、アメリカ兵士に対して、幾度となく投石という「戦闘行為」を決行する。微笑ましいエピソードとして語るのは容易いが、六歳の少年にしてみれば、それは正真正銘、死を決意した日本本土決戦の継続であった。そして少年はその決意と同時に、本土決戦に応じることなく、アメリカ進駐軍に対して迎合した日本人への嫌悪をも感じ始めたのだ。

……後追いでいうと、それは少年の「たった一人のインティファーダ」であった。インティファーダというアラビア語は「蜂起」の謂である。ぶんぶんと群れなせばこその蜂であり、群れであればこそ蜂起に力が籠もる。「たった一匹の蜂」の蜂起など米軍にとって痛くも痒くもないと少年とてわかっていた。少年は、不確かな思いとはいえ、蜂起しようとはまったくしない近所の同胞に不快を感じていたようなのである。

（『ファシスタたらんとした者』）

……どうしてこんな取り留めのないことを言うのかというと、僕の心理に立ち塞っていたアメリカという外国の像は、機械文明やら合理主義やらに関するきちんとした話というのではなく、B29と蟬の幼虫といった類いの、とことん断片的な印象の寄せ集めによって成り立っているからです。ただ、そのひとつひとつは、何か鋭い破片がつきささるように、本人にとってけっこう後まで残りますし、また、紋切り型のアメリカ観を開陳するよりずっとよく分かってもらえそうな気もするのです。

（『蜃気楼の中へ』）

付け加えるならば、西部少年がこのときに強く感受した日本人への嫌悪もまた、反アメリカ意識とともに、生涯にわたって続く。そしてその嫌悪は、諦念を伴い、むしろ増幅されていったといっていいだろう。保守主義者である西部をある種の「反日」思想家とみなす見解も存在するが（前述の田久保たちにもその傾向はみられる）それは遺作となった『保守の遺言』の次のような箇所――「保守」と「日本」に関しての私たちの常識を破るような言葉である――でその「日本人への反発」の激しさを完成させてしまう。

……こんな民族は「痴呆症者の群れとなって国民としては滅びていく」という、世界史にあっては非常の事態に向かって進んでいくしかないのである。憲法九条第二項を廃止しようが非常事態条項を新設しようが、そんなのは議会の国民投票場での余興に過ぎない。国民自身が「力量」を持ちたくないといっているのだから、他国の力量の前に跪きそれを拝していればよいのである（中略）思うに、その範型（言葉の固定観念）はもう七十年にも及んで我らのオツムに染みつくまでに反復されてきたのだ。そうなったら、それはもう我らの人格にまでなりおおせている。この珍種の国民を世界遺産に登録するのを急ぐべきだといっておきたい。

（『保守の遺言』）

だが、このような反米意識（あるいは「反米」を選ばなかった日本人への反日意識）を有したのは何も少年時代の西部に限ったことではまったくない。数多くの作家・知識人による記録、また文字化されていないとはいえ大勢の終戦直後の日本人が、アメリカに迎合することをよしとせず、「本土決戦」の継続としての反米主義を有し続けた。もちろん、一見すると親米主義の様相を有した面々もそのかなりの人々が、西部が言うところのアンヴィヴァレントなアメリカ認識――隠された反米主義――を抱いていたともいえるのだ。

第一章の六〇年安保闘争と西部へのこだわりという面から考えてみると、終戦時の反米ナショナリズムの気配を濃厚にもった安保闘争を、大衆があっさり捨て去っていったことに西部の大衆批判と反アメリカ主義の結びつきが認められる、という解釈が成立しそうである。大衆は、六〇年安保闘争という、第二の本土決戦を再び放棄してしまった、ということである。だがそのような全体的な捉え方だけでは、西部の反アメリカ主義が、「九・一一事件」をきっかけになぜ豹変したのかという謎を解き明かすことはできない。彼の豹変を後押しするような「何か」が九・一一事件の際の彼にあったのだ。

私が西部のアメリカ論の急変に関して、第二のヒントと考えるのは、高澤の西部伝の次のような、まったく思いもかけない指摘である。

……少し文脈をずらすことになるが、筆者の知る限り西部邁は江藤淳などとは比較にならないほどの生粋のフェミニストであった。そもそも彼は、誰に頼まれたわけでもないのに「父親」になった（江藤淳には子供はいない）。そのうえ彼は、尻に敷かれるといったレベルではなく、疑いなく妻に傅いていた。大袈裟を承知でいうと、これは光源氏いらいの日本的フェミニズムの文化伝統なのだ。

（『評伝　西部邁』）

8　二人の女性

この九・一一事件の二日前、西部の最愛の妹が五八歳で他界した。二番目の妹である彼女は、西部が高校生の時期、自転車の後ろの荷台に乗せていた際、交通事故を起こし大けがを負う。彼女は何とか一命は取りとめたが、事故後の手術で大量輸血を受けなければならなかった。西部は彼女が五十代以降に罹患した肝臓ガンがこの輸血によるものと最後まで信じ、人生最大の十字架的原罪意識を抱きつづけていた。

十代の西部を苦しめた吃音は、この事故による激しい精神的衝撃に由来するのではないか、と高澤は指摘している。おそらくそうであろうと思う。既述したように、青年時代の西部を苦しめたこの吃音を治癒させたのは六〇年安保闘争の際の――私の父をはじめ多くの人間を魅了した――鮮やかなアジテーション演説である。一度は薄らいで潜在化したように思われたこの原罪意識は、二〇〇一年九月九日の妹の死によって、ふたたび火山のマグマのように西部の中で吹き出し始めたのである。

妹の葬儀の場での西部は取り乱すかのように泣き崩れていたという。その日以降も、妹の話になると西部の涙腺は必ずといっていいほどに緩んだ。西部の人生の後半において最大のテーマになる「死への意識」「死への哲学」の問題がこの妹の他界により急速に高まったことはいうまでもない。だがそのこととは別に、この妹の死と、西部が急展開させはじめた、きわめて乱雑なアメリカ論には深いつながりを読むことができるのではないだろうか。

六〇年安保闘争という左翼運動の神話を、「保守主義」という形で復元するのが西部の生涯的課題だったことは繰り返し述べてきた。その課題には、「アウトサイダー」への彼独自の深い共感が伴われている。そのことについての歩みは西部なりに、着実に進行してきた。「保守主義」が完成形態にいたるとき、妹の事故から吃音を招いた西部の原罪意識もまた、解消をされるはずであった。

だが、最愛の妹の死は、その完成を待つことなく訪れてしまう。この妹の死と九・一一事件は、偶然とはいえ、あまりに接近しておきてしまった事象であった。西部は豹変したかのように「アメリカ」を敵と見定め、「保守主義」というユートピア思想の完成を政治論としても急ぎ始める。その謎は実は九月一一日に、ではなく、九月九日に起きたこの最愛の妹の他界に読むことができるのではないかと私は思う。

今一人の「女性」は西部の幼馴染であり、学生運動の只中という西部の人生の混乱期に恋愛をして結ばれた夫人が九・一一事件に際して示したとある事件である。夫人は二〇一四年に西部より一足早く他界するまで、彼の人生の最大の理解者であり、数多くの思想的共闘をなしてきた西部の最大の共闘者だった。夫人は、一人の思想家であり、一人の政治家であり、その思想と政治を通じ、西部邁という人間のすべてを知った人間だったといっていいだろう。

九月一一日以降、メディアは同時多発テロ事件のことで騒乱状態に陥っていた。妹の葬儀を終えて疲れて都内の自宅に帰宅した西部の前で、テレビをみながら西部夫人は「ヤッタァ」と叫び、アルカイダの行為を心の底から賞賛しつづけていた。西部宅にはたまたま西部の息子夫婦が訪問していたのだが、この夫人（母親）の常識外れの言動に息子は激怒、西部宅では小さくない家庭喧嘩が起きたという。

この「家庭喧嘩」において注目すべきなのは、この喧嘩の際、西部自身はアルカイダを支持するともしないともいっていないことである。おそらく西部は、夫人の振る舞いから何かを読み取ろうとしていたのだ。『ファシスタたらんとした者』『反米という作法』ではこの日の西部宅での喧嘩、そして夫人の行為について、西部は次のように記している。

……ともかく自分の母親を愛おしいと強く思いつづけてきた息子は母からの侮蔑の言葉を受け、気分の持っていき所を失くした。当然、テーブルを引っ繰り返して抗議するほかなかったのである。大した修羅場ではないとはいえ、老人の家に、一瞬、テロもどきの事態が出来してしまったわけだ。

（『ファシスタたらんとした者』）

……かみさんは知識人でも何でもなく、一介の主婦にすぎませんが、彼女がとりあえず出してきた理屈というのは、やはり原爆のこと、そしてその他の大空襲のことでした。あのときにアメリカはネズミを殺すように日本人を殺した。それからもう一つは、例の湾岸戦争のときにアメリカがイラクに行ったピンポイント爆撃だった。女房はあの爆撃に対してものすごい不快感を感じていて、そのとき既に、今から五十七年前の原爆を含めてアメリカのやり口に対して激しい嫌悪感を抱いたらしいんです。

（『反米という作法』）

西部が「ビン・ラディンはイエス・キリストに似ている」という発言をはじめて口にしたのはこの数日後である。それまでの時間のうちに、西部の中で「何か」が変わったのは疑いようがない。というより、それまで抑制され秘められていた「何か」があふれ出したのだ。それは幼いときの「本土決戦の同志」を数十年の時間を経て確実に得ることができたという、西部家の夜の喧嘩の事件での彼の確信ではなかったのかと私は推理する。

高澤のように「フェミニズム」という言葉を西部の思想に被せたら、生前の彼は間違いなく激昂したであろう。しかし西部の何かに憑かれたかのようなアメリカ論の急変化、反米主義への転換に、私は「フェミニズム」としか言いようのない西部の思想的な個性を感じることができると思う。「妹の死」がもたらしたきっかけ、そしてきっかけののちの「妻の協賛」が西部の中の何かを吸引し幾倍にも拡大した。そのことが、九月一一日以降の西部の急変を一番明晰に解き明かす説明なのではないだろうか。西部自身にはまとまった形でのフェミニズム論というものは存在しない。しかし（西部流にいえば）「保守主義的フェミニズム」と呼んで差し支えない、彼ならではの女権思想を、彼の人生全体から読み取ることは充分に可能ではないかと思う。

飛躍した推理と言われるかもしれない。しかし、以上を前提とすれば、西部の女系天皇論支持の理由も、なるほどと感じることができるように思う。西部が女系天皇論を明晰にいうようになったのも二一世紀に入ってからである。「血」よりも「家」を重視すべしというその発想には、女性論を常に優越させる西部の「保守主義的フェミニズム」の性格がよくあらわれているというべきだろう。

……私は、「女系」にも「女子」にも皇位継承が可能なように（皇室典範第二条の）「継承の順位」を変更したほうがよいと思う。その最大の理由は、日本国家を統合するための象徴機能は皇室において、つまり「血」統よりも「家」系を重視する方向において、よりよく維持されていると思われるからである。血統のことに過度にこだわるなら、古代における皇統の朝鮮半島のかかわりや南北朝期における皇位継承の混乱などについても論及しなければならなくなる。天皇「制」は日本国民の歴史感覚に、いいかえれば「時代」というものに誕生と死滅と変遷があるのだという集合的な潜在意識の制度に根差している。

（「「半神半人」の仮構でなる天皇制度」二〇〇四年七月二〇日・産経新聞）

だが日本皇室の「家」が一般家庭の「家」やヨーロッパその他の国々の皇室の「家」とも異なるのは、「血」＝血統による説明に依拠しなければならないのに、西部はこの血統の問題にはまるで無関心である。たとえば彼は別の箇所で、次のように天皇・皇室の存在意義を時間意識によって説明しているが、ここでいう「時間意識」の根拠こそまさに血統なのだと私は思う。

……しかし、天皇制の歴史をみれば、基本的な流れは一世一代ということで、一人の天皇のおおよそ生涯を思い浮かべて「時代」のことを想念している、それが国民精神の標準の在り方といえるのではないか。この意味でも、明治にあって、天皇制は形式において完成に向かったといえる。そして天皇が変わるごとに、国民は新しい時代の到来を予感し、そして古い時代に、その生から死までの、物語を与えようとするのである。事実、明治人、大正人、昭和人といった人間類型のことを想定しながら、国民は歴史を語り継いできている。ここに日本人の時間意識の最も基本的な構造が与えられたのである。

（『国民の道徳』）

この皇室血統の問題の理論的欠如もまた、西部の思想における強すぎる女権思想＝フェミニズムのなせる業なのであろうか。

9　核兵器は保有すべし

反米主義や女系天皇論を主張した西部であるが、核兵器に関しては積極的な保有論を主張していた。ただ、日本の保守系知識人での核保有の主張ということは、必ずしも珍しいものではない。明確な形での核保有論は清水幾太郎の『日本よ国家たれ』（一九八〇年）以降といっていいが、二〇世紀末になると核兵器保有論のタブーは次第に崩壊し、（議論の場は限られたものだが）福田和也や中西輝政のような保有論の論客も目立ってあらわれる。

こうした保有論に対峙する反核論者は実は一括りにできない。反核論の面には「分裂している」といっていいほどに様々な立場がみられるといってよい。大概の反核論者は日本の核兵器保有の反対と、世界全体の核兵器保有廃止をむすびつけて主張する。しかしたとえば大江健三郎などは、アメリカやソ連などの核兵器保有には反対であるが、中国など第三世界の国家の核兵器保有には反対ではないという、支離滅裂な議論を『ヒロシマ・ノート』において言っている。このような子供じみた分裂は、少なくとも日本の核兵器保有論の側にはみられない。

ただし西部の核保有論は、その徹底した反米主義とセットになったもので、核兵器保有論の多数派とは一線を画したものになっている。特異な保有論であり、端的にいうと、かなり非現実的であるように思われる（そういうとおそらく西部には親米主義に毒されていると非難されてしまうだろうが）。たとえば西部は（日米同盟・日米安全保障体制の中での）核兵器の共同保有を唱える親米派（中西輝政）の見解を批判し、核兵器の世界的拡散を正当なものという。

……中西氏にあっては次の論点がすっぽり抜け落ちています。日米「同盟」とは名ばかりのもので、アメリカは日本を軍事的に「被保護国」にしておくことから多大の便宜を享受してきたのです。したがって、アメリカの「持ち込み核」の「日米共同運用」などは夢想の域に属するとしかいいようがないのではないでしょうか。実は中西氏自身、日本が対米属国であったことを認めているようなのです。

……通常兵器についてならば、「力の均衡」を求めて、軍事の激しい国際競争が起こると予想されます。しかし核兵器によって可能となる「瞬時の大量虐殺」に耐える国家があろうとは考えられません。だから、ある量以上の原爆を互いに持ちあえば、「核による核抑止」が、ひいては「核による戦争抑止」が現実のものになる、という常識的な判断を覆すのは無理と思われてなりません。

（『核武装論』）

核兵器についての議論に至り、西部の保守主義もだんだんと具体的な国家イメージに近づいてきた。西部の理想とする国家X＝保守主義のユートピア国家は、現実的イメージとして次のようになると思われる。

その国家Xは、アメリカの覇権に対して徹底的な抵抗をみせている国である。強弱の違いはあれ、アメリカと軍事同盟関係にあるヨーロッパの西側先進国などはこの基準からすればほとんど失格である。もちろんイギリスもこの基本条件にはあてはまらない。現実のヨーロッパで、文化比較はともかく、政治的にアメリカに最も接近している国はイギリスである。

核兵器を保有し徴兵制を敷くこのX国は（西部は熱心な徴兵制賛成論者である）伝統意識や国防意識は当然、高い国家となるだろう。しかし反面、アメリカの厳しい監視を受けて、様々な政治的・経済的孤立をすることを避けることができない。中国、ロシア、北朝鮮など反米傾向の強い国家は、このX国に対して親近感を強め、その触手をのばしてくるだろう。この触手は政治的なものには必ずしも限定されない。

西部はアメリカの世界覇権主義に繰り返し激怒している。しかし中国などこれらの国々は、世界覇権は必ずしも意識しないが、それぞれアメリカも顔負けの傲慢さで地域覇権を目指し、その目的のために日本をいくらでも利用とするはずだ。X国とこれらの国々の間に反米同盟が結ばれるかもしれないが、そうした反米同盟が「清いもの」である保証はどこにも存在しない。たとえば中国などはアメリカニズム顔負けの激しさとしたたかさによって、「チャイナイムズ」とでもいうべき文化侵略を日本に対しておこなうだろう。ロシアや北朝鮮もまったく同様である。

内政的な面はどうだろうか。憲法と皇室典範改正により国家Xの皇室は女性・女系天皇もありうることになる。これは左派的なフェミニズムを大いに喜ばすに違いない。もちろん、「西部流の保守主義者」たちはこうしたフェミニズムに論理的に反撃はする。しかし、両者の差異が果たして一般国民にみえやすいだろうか。

あるいは、たとえば皇室の血統に様々な外戚が婚姻などの行為によって参入するような現実的事態はどうすればいいのだろうか。実はここに「血」の最大の問題が存在するのである。皇室の家系を乗っ取ろうとした野心家は古代から多数存在した。偶然的事情ももちろんあったが、そのような野心家を排除できた最大の根拠は男系血縁の維持なのである。ところが国家Xでは野心家がもし皇室を乗っ取っても「家」は維持されてしまう。このように国家Xの皇室存在は必ずしも安定したものにはならないだろう。

保守主義についての理論の問題の部分で、たとえば日本共産党が農業問題については「保守」といえてしまうかもしれないといったように、「保守」「革新」という意味は、ときどきとんでもない論理の引っくりかえしを起こしてしまう。

まかり間違えば、西部がいうところの「左翼国家」が天皇・皇室を伴って国家Xにおいて生じかねないことになってしまうだろう。

九・一一以降の西部は、生涯の課題であった「保守主義の構築」の展開を、あまりに急ぎすぎてしまい、その形が雑然としたものになったという指摘に落ち着くことがやはり妥当であるように思われる。結局、「西部思想への批判」ではなく、「西部思想への分析」が肝要になるといわなければならない。女権思想、フェミニズムの問題は確かにこの分析に関して有効な手掛かりを提示してくれる。しかし「女性」の問題だけでは分析の手がかりは明らかに不十分である。

では、何が手がかりになるのであろうか。ここまで本書を丁寧に読んでくださった方は、『大衆への反逆』での不良少年U君の西部のエッセイをおぼえていらっしゃるだろうか。

エッセイの中でまるでこの世から消えたかのように描かれた幼馴染のU君こと海野治夫――在日朝鮮人にして北海道のヤクザの先鋭――は実は生きていて、あのエッセイののち西部の前にあらわれる。彼がその壮絶なアウトサイダー的人生を焼身自殺（彼の自殺に関しては入水自殺説もある）により絶ったのは、九・一一事件より少し早い一九九七年のことであった。

西部が唐牛以上に近しさをもちつづけたU君の自死――そのことが西部に押し寄せてきた死についての問題は、妹と夫人という二人の最愛の女性の命の危機の問題とともに、西部をはげしく「思想の完成」と「人生の死」に駆り立て始めたのだと私は思う。そのことを明らかにするためには、この不良少年U君と西部のかかわりをもっと詳しく追う必要がある。あるいはそこから改めて、西部の思想の急変を見なければならない。次章は西部の「死の哲学」と「自死」の問題についてであるが、まずU君こと海野治夫の自死のエピソードから語り始めることにしよう。

第四章　ニヒリズム・死生観・自死

1　「非行」としての保守

自然界には様々に人間を覚醒する毒物・薬が存在している。身近に存在しているために警戒心が薄れがちなアルコール、ニコチンはもちろんのこと、カフェインも国際競技世界では監視対象指定を受けている正真正銘の劇薬だ。つまりコーヒーや緑茶を嗜んでいる「安らぎの時間」からして私たちは毒＝劇薬から自由であることはできない。この世界にはキリスト教のモルモン会派のようにカフェインの摂取も禁じる宗教もあるが、少なくとも世界の大半の常人にとっては「毒なるもの」をほどよく御することが人生の最後まで求められることになるのだ。

西部邁は終生、酒席での議論を保守主義の実践としてたいへんに重要視していた。会話がはずむ、という程度の意味ではなく、「毒」あるいは「悪」を御する力というものが、言葉の危うさを御することと西部にとって同義ということだったのである。また西部はヘビースモーカーでもあり（晩年の一時期、疾病により喫煙量が減じたことがあった）禁煙主義者の主張を嫌悪もしていた。これは健康云々という問題ではなく、禁煙主義者の「毒のなさ」「クリーン」を良しとする思考法に対しての、ある種の抵抗だったと考えてよいだろう。

「発言者塾」はじめ、西部邁の近くで長く密接なかかわりを続けた富岡幸一郎によると、西部の酒量はなかなかのもので、滅多なことで酔うことはなかったという。その酒の強さも関係しているせいだろう、西部の数々の酒席をめぐるエッセイは、正気を失わない彼の高揚がよく伝わってくる逸品揃いである。作家・文学者の酒のエッセイにありがちな「飲めればよし」「酔えればよし」というような投げやりさが少しもないのだ。西部の酒のエッセイの世界では、「論理」と「分析」が酔っている自分自身に対してさえむけられており、読んでいるこちら側までが酒の席で西部と論じあっているような気持ちになってくる。

西部は「毒」「悪」を巧みに御していたのである。ちなみに私が一番好きな西部の酒エッセイは、『大衆への反逆』に所収されている「笑三昧」の三篇の短編の一つ、酔って帰宅途中の西部が駅前の（不法駐輪をつづけた）自分の自転車を（警官の手により）警告通りに電柱に吊るしあげられていて唖然となった、という文章だ。はじめて読んだ私は、西部のユーモアたっぷりの自己批評に、思わず大笑いしてしまった。

そんな「毒」「悪」を御するに巧みな西部が、（おそらく）生涯に一度だけ、覚醒剤（ヒロポン）を経験した（させられた）ことがある。西部の経験を媒介したのは、『大衆への反逆』に登場した不良少年U君こと、海野治夫だった。U君こと海野は、経済学者として歩みだしていた都内の西部邸を訪れ、懐かしい親友の西部にと、ヒロポンを持参したのだ。時期的には一九七〇年代の半ばあたりであろう。西部の文章によると（海野をやはり幼少時からよく知っている）西部夫人もこのときヒロポン経験をしたという。西部はこのときのことを西部と海野との評伝（『友情――ある半チョッパリとの四十五年』）において次のように回想している。

……私のほうでは、身体がみごとに覚醒して、一キロメートル先の車のエンジンやブレーキの音が聞こえるようであった。特攻隊員たちの気持ちがわかるような気がした。精神のほうも覚醒して、ある雑誌から頼まれていた短い原稿を書いてみたら、あっというまに仕上がり、翌日読み返してみても、結構の出来上がりであった。太宰治や坂口安吾の気持ちがわかるような気がした。しかし次に、原始的な願望が呆れ果てる体に昂進し、大いに困り果てた。いわゆる「風俗」の商売にかかわる者たちの気持ちがわかるような気がした。

……どんな種類のものについてもいえることであろうが、麻薬は、人間の体のみならず心をも、一種の機械仕掛けに化していく。しかもその機械仕掛けは、多動症にでもかかっているかのように、たとえば聴覚システムから視覚システムへ、触覚システムから認識システムへというふうに、容易に切り替え可能なのである。このヒロポンという麻薬の特徴は、それぞれのシステムの作動がきわめてシャープであるのみならず、それらの間の切り替えが驚くべくスピーディである点にある、と見当をつけた。

（『友情』）

彼の持ち味である、冷静なエッセイ的文体がこんな場の描写においても冴えわたっている。麻薬体験の記録を残す知識人は、海外ならともかく（フーコーやサルトルは麻薬の幻覚作用について文章化している）この国ではほとんどいないといっていい。ある意味たいへん貴重な精神財産ともいえる文章なのだが、いったい親友の海野は、なぜ西部にこんな経験をさせてくれたのだろうか。

海野はこのとき、すでに重度の麻薬中毒に毒されていて、平生の様子がかなりおかしかったと西部は記している。海野自身、麻薬に関して「見くびったら最後、底無しの地獄が待っていることは間違いない」と激しい警告をいっているし、西部との間でこの日の体験が後日語られることはほとんどない。おそらく、西部が麻薬にもし深入りするようなことがあったら、海野は死に物狂いでそれを止めただろう。

ただ、暴力団仲間では、西部との交友の深さを示すエピソードとして、この日の体験を語ることは多々あったという。海野が深い交友感情の証しとしてこの日のヒロポン体験の場をつくってくれたことは間違いなく明らかだと思われる。中学のときの優等生仲間であったにもかかわらず、北海道の暴力団の世界へと移ろいゆく人生を選んだ海野の人生は、ほとんどすべての要素がアウトサイダーになるように運命づけられていた。

海野にとって西部という存在は、単に日本を代表する知識人が友人にいる、ということにその意味があったのではない。生死すれすれの世界に住まう自分を理解してくれる唯一にして最大の常識人が西部だったのである。西部ならば、自分の麻薬中毒を理解してくれるだろう。そして西部ならば、麻薬に取り込まれることなく、自分を苦しめている麻薬の実体を実験的に理解してくれるだろう。私は海野の気持ちをそんなふうに想像する。一番近しくて一番遠い存在どうし、これが西部と海野の友人関係だった。

「アウトサイダー」という言葉は、海野のために存在する言葉といっていい。彼はまさに「アウトサイダーの中のアウトサイダー」、まさに極限的なアウトサイダーであった。たとえば彼の母親は日本人であるが、父親は在日朝鮮人という、いわば「半チョッパリ」である。しかもその父は、日本軍属のBC級戦犯の一人として処刑されたという、衝撃的な事実を有した人物であった。すなわち在日朝鮮人社会からも、日本人の戦後共同体からも、海野はまったく疎外されて人生の出発を余儀なくされた人間だったのである。

海野をめぐる西部の長編評伝『友情』が最初から最後まで異様な迫力をもっているのは、「在日」がどうのこうのというような政治的解釈の逃げ道を、こうした海野の人生の「完全な厳しさ」が塞いでいることが第一の理由にあるといってよい。政治の問題を論じ続けてきた西部の著作の中で本作は異色の作品であり、西部の文章力が（ただでさえ劇的な）海野の人生を、さらにドラマティックな劇的人物へと描きつくしている。

たとえば海野が家族で唯一心の頼りにしていた姉が、彼の三四歳のときに不意に北海道から失踪し、一八年ものちに、都内の西部宅の近くに住んでいたことが発覚、二人の再会に西部が立ち会うという、小説ですらありえないような事実も『友情』では語られている。そのくだりのすさまじい文学的迫力に、私は頭が「無」になってしまうほどの感動をおぼえた。海野の孤独は家族・兄弟によっても癒されることのない極限的なものだったのだ。

ヒロポンの問題に戻ることにしよう。海野は「人生の彼岸」に常にいる自分からのメッセージのようなものを西部に送りたかった。西部の側からも、海野の存在は（潜在的にであっても）不可欠なものであった。経済学者、評論家として生の世界を突進しつづける西部に対し、生と死の境界線に毎日がある海野は、「死の理論」「死のイメージ」を与え続けるある種の「バランス」のようなものとして存在したからである。それを海野と西部の両方が自覚していたのだとすれば、ヒロポンの体験を海野が進んで西部にもたらしたことも充分に納得がいく。海野は、西部が御することを承知で、彼の世界に必要な「毒」「悪」をもたらしてくれたのである。二人の間だからこそ成立しうる友情の証であろう。

ヒロポンの体験から一〇年ほどの時間が過ぎ、時代は一九七〇年代から八〇年代へと移ろう。一章の終わりで、『大衆への反逆』の「不良少年U君」すなわち海野は実は生きていた、と私は記した（「不良少年U君」では、暴力団抗争に巻き込まれ生死不明になったと文章が終わっている）。これは読者にとって大変驚くべき話である。ところがさらに「U君がこの世界に生きていた」こと以上のたいへんな事実が、あのエッセイに関しては存在しているのだ。

暴力団どうしの抗争、麻薬中毒、ほとんど必然的に起きた妻子との離別、など極限状況の中で心身ともに生死の境にあった海野自身にそのエッセイが読まれ、一時的とはいえ海野の人生に輝きを与えることになったという事実＝事件がそれである。海野は「あの西部がこの自分をここまで認めていてくれた」「自分という存在が世界に西部を通じて発信してもらえた」ということがよほど嬉しかったのだろう。

（西部が参加できなかった）ある同窓会に、海野が生き生きとした姿であらわれたという知らせが西部・海野の同窓のある女性から届く。だが海野以上に歓喜したのは西部だったに違いない。自分の文章が、生死の境界線を生きるアウトサイダーに、多少なりとも生のエネルギーを注ぐことになったのだ。物を書く人間として、自分の言葉が他人の人生を生きやすくすることを知ったときほど嬉しくなるときはない。西部はこの知らせを受け取ったときの感情を、次のように『友情』で述べている。

……彼女には「不良少年U君の文章が海野さんに市民権を与えたようにみえた」ということでもあったらしい。そう人伝に聞いたのは「会」の直後のことであったが、私は、そうか海野は生きていたのか、おまけに正気も保っていたのか、とほっとした。ましてや、私の僅かな文章が、同期会や同窓会における彼の市民権獲得に寄与しえたのだとすれば、望外のよろこびだと嬉しくもあった。

（『友情』）

海野の存在がどれほど西部の思想全体に大きな影響を与えているか。たとえば西部は様々な場で、イタリア・マフィアに人間集団の理想をみる、というようなことをいう。この西部の思想に関して、西部のイタリア好き（彼はイギリスと同じくヨーロッパではイタリアを好んでいた）によるものとか、西部のブントへのノスタルジーがそういわせているのだ、という解釈があり、それらの解釈は確かに何割かを言い当てているかと思う。だが私はやはり、任侠集団で人生の究極の孤独を生き続けていた海野の存在が大きかったと思う。

……それで切り上げようとしたら、今度はイタリアの女性議員が、これが本当に最後の質問だといって、「あなたはアメリカだイギリスだ、フランスだドイツだ、スペインだポーランドだといろんな話をしたが、なぜ我がイタリアについて一言もないのだ」といってきた。私は「あのような素晴らしいイタリアについて、私ごときに発言の資格がないと思ったからです」と切り出して、あれこれ発言し、そして少し暴走してしまった「今、イタリアでマフィア狩りをしているようですが、マフィアの存在はイタリアの重要な魅力の一つと思われますので、あまり狩りすぎないようにお願いしたい」私の印象では、ヨーロッパ各国の代表たちは、笑いながら、私に同意しているようであった。

（『国民の道徳』）

ブントという無政府主義的な青年集団だけが西部の理想とする「個人をこえたもの」なのではなかった。様々な人生の価値選択を毎日のように迫られ、究極的には死の選択も覚悟しなければならない任侠集団もまた、西部の良しとする世界だった。ただし日本の任侠集団を全面的に賛美するほどの短絡を西部は犯すことはなかった。任侠集団というアウトサイダー集団の中にいるアウトサイダーを決して見逃してはならない。すなわち、アウトサイダーを貫くためには、アウトサイダーの中にあっても孤立した存在でなければならない。任侠を良しとしながら、西部がイタリアマフィアを称えるという遠回しの任侠賛美をすることの二重の構造の両方に、海野の存在はかかわっているのではないだろうか。

こうした西部と海野の生き方のかかわりを巧みに指摘する或る文章が存在する。西部の自死後、西部が手塩にかけて育て上げた「表現者・クライテリオン」が西部の追悼号を刊行した。数多くのオマージュ的な文章が編まれたが、その中で哲学者・評論家の小浜逸郎の追悼エッセイが、西部とこの不良少年U君こと海野のかかわりについて、思想的にそれを見事に表現しているように思われる。これは大変重要な指摘をなしている文章といってよいだろう。

小浜いわく、西部の保守主義とは、「非行としての保守」であるという。おそらくこの「「非行」としての保守」という言葉こそ、マフィア（任侠）と海野という永遠絶対のアウトサイダーをも含有する西部思想を形容するに相応しい言葉なのではないか。その「「非行」としての保守」は、『大衆への反逆』の「不良少年U君」の文章で海野が一時的とはいえ生気を取り戻したことで、一思想として成立しうる気配をもったとさえいえる。小浜の言うように、西部の保守主義には「ラディカリズム」が含まれている。このラディカリズムこそ、海野の存在と一体になった保守主義である。それほどに海野は西部にとって——いや西部の保守主義思想にとって——圧倒的な存在だったのだ。

……遅まきながら「非行」を復活させ、さらに『発言者』『表現者』と思想表現の場を自前でつくり上げ、そこで「非行」を存分に発揮することができたのだと思う。西部氏は道徳や規範や憲法についても多くを語られた。そこにはもちろん、アメリカに魂を奪われ、自主独立の気概をなくしただらしない戦後社会への憤りが込められていただろう。しかしデラシネとして自らを規定され、道徳を語るときには、自分にはその資格がないと含羞の言葉を枕に置くことをいつも忘れなかったところを見ると、西部氏の中には、秩序に対する強い渇望のようなものが潜んでいたのかもしれない。それはしばしば「保守」という言葉が醸すイメージとは程遠いラディカリズムを含んで現れた。

（小浜逸郎「「非行」としての保守」）

2　「不良少年U君」の自死

しかしその海野は、一九九七年一一月に、焼身自殺という手段で人生の最期を選んでしまう。海野の自殺については西部自身もかなり詳しく調べたようである。しかし『友情』の文面から察する限り、その西部でも完全な形での自死の理由は見いだせなかった。この焼身自殺についても、入水自殺だったとする説もあり、定かとはいえない。たとえば自死の数年前、「赤猫」と呼ばれる海野の仲間たちが、当時（バブル全盛から崩壊の時期すなわち一九九〇年前後）多発していた地上げ行為の一端として放火犯罪をおこなうということがあった。その際、海野の大恩人の店舗・家屋まで燃やしてしまうというような事件があり、恩義に厚い海野がそのことに激怒、仲間に対して報復を宣言するというようなことがあったという。

この報復が実際になされたかどうかは西部にも（つまり私たちにも）不明である。しかしこの頃から海野は、北海道の任侠世界でも孤立を急激に深めていくことになったようだ。「生活保護で生き長らえるか自裁で死に絶えるか、という二者択一が彼に迫られていたのかどうか、そんな具体的なことについて私は何も知らない。ともかく、恥辱を忍んで生きるか名誉を守って死ぬか、という限界状況に彼は直面していた。そういう状況をみずからの手で招き寄せたのである」（『友情』）と西部は言っている。

さらに一九九二年には海野は、自身の系列の暴力団事務所に弾丸を撃ち込むという事件を引き起こしている。西部の表現を借りると「組の事務所に銃弾を放つというのは、いわば「告発の儀式」である。その儀式をやることによって、海野治夫は自らをアウトローの世界のアウトローならしめる、つまり自分は無頼の世界の無頼になるのだ、と心に決めたわけだ」（『友情』）ということになる。海野はついに、任侠集団からも孤立するという人生の道を選んだのである。海野はそれから数年間、北海道の刑務所に服役する。

「発言者」塾の札幌支部の要件で北海道に赴いていた西部のところに出所した海野から至急会いたいと連絡が入ったのは一九九七年の一一月のことだった。馴染みのスナックで二人は再会を祝す。海野が焼身自殺を遂げるのは、このわずか一週間あとのことだった。すなわち海野は西部に人生の暇乞いを伝えるために呼んだのである。

西部の文章から伝わってくるこの夜のスナックでの二人の過ごす時間の流れについての描写は、生前の西部の文章で、最も透明感のあるものに私には思えた。様々な演技を不良少年の人生で繰り返してきた海野は、今やその演技の世界から解放されつつあり、死の世界はすぐ近くに迫っていた。酒もカラオケも二人の最後の時間を楽しませることはできず、やがて海野は静かに「君は、今、何を考えているんだい?」と西部に問いかけてくる。


……私は即座に、ごくあっさりと答えた。その三年ほど前に『死生論』というものを出してから、「自死の思想」のことばかりが頭を巡っていた。東京でも、酒場であれ家庭であれ、そのことばかりを私が口にするので、周囲から少し気味悪がられていた時期でもあった。ともかく私は次のようにいってしまったのである。

「公にやることがなくなったら、そしてそれ以上生きていたら周りに迷惑をしかけないということになったら、自分で死ぬしかないと考えている」

彼のほうもすぐ、私と同じくあっさりと反応した。

「そういうことだよな」


(『友情』)


西部はこの後、ある敬愛する思想家(福田恆存のことと思われる)を病死の間際に見舞ったとき「死ぬっていうことはたいして恐いことじゃないんだよ」と言われたことを海野に告げる。すると海野も「そういうことだ、本当に死ぬ気なら、そう恐いもんじゃない」と返す。

幼少時代以来、四〇年にもわたる二人の長い時間の最後はまもなく尽きようとしている。「死」=「自死」の問題は、二人の間で深く了解されるに至ったのである。この場面を語りつづける西部は、この『友情』で――いや、西部の全著作の中で、といっていいかもしれない――最もショッキングな文章を過ぎ去る彼の姿の直前に記す。

この文章により実際の自死の二〇年以上も以前に西部はすでに、自死の準備を具体的に開始していたことがわかってしまう。しかもこの文章が、自分の人生から静かに消えていく海野の姿の直前に記されているということの意味は計り知れないものがある。端的にいえば、「海野の死」により西部の保守主義は一つの理想形態になった。「自殺」が西部の観念において思想化された瞬間がそこにあったのである。

……もう何年も前から、海野が刑務所を出てきてから「拳銃を手に入れたい、秘密厳守でいくから頼む」と申し出ようと考えていたのである。いうまでもないことだが、自死が必要になったときの備えをしておきたかったのである。しかし刑務所を出てまだ幾許も経ていない相手に、それを言い出すのはあまりに失礼だと思って、結局は黙っていた。

別れ際のことはよく覚えていない。彼が疲れていたことを考えると、見送ったのは私のほうかもしれない。また、そのビルのほかの店で塾生たちが私を待っていたはずだから、私が彼に見送られるということではなかったように思う。そういえば、彼がタクシーのなかから、白い顔で、そして珍しくも優し気な、というより気弱な表情で、手を振っていたのを思い出すような気がする。いずれにせよ、それが彼を見た最後であり、自死の構えについて「そういうことだ」と相槌を打ったのが私の聞いた彼の最後の言葉となった。

……彼のかざした義は、宗教の超越や政治の高邁につながろうとするような、拵え話ではなかった。それを嘲ってしまったら、形而上学に救いを求めて神や仏を、本当は信じてもいないのに、持ち出さなければならなくなる。あるいは、もっと悪いことに、生きることも死ぬことも無意味だといいつのりつつ、ただ死ぬまでだらだらと生きて、人生は死ぬまでの暇つぶしと斜に構えて、退屈というこの世の最大の苦痛に苛まれることになる。

（『友情』）

私は前の章で、二〇〇一年九月に、西部にとって「女性」に激しく触発される形で思想の大きな転換があったといった。しかし実はこの一九九七年一一月のU君こと海野の死も、西部の死にほとんど絶対的といっていい影響をもたらしたと思う。数ある西部の自殺論を時系列で読み込んでいくと、そのことが明瞭に判明していくように思う。

たとえば、海野の焼身自殺の前（一九九四年、『死生論』）とその後（二〇〇二年、『国民の道徳』）の自殺論を次に比較してみる。前者の文章の冷静さ、客観性は後者においては消え去っている。「自死」の問題に関しても西部はその思想――「死の哲学」を内包した保守主義――の完成を要求させられはじめたといっていい。

……もちろん、死の決意とか死の準備といってみても、死そのものは正体不明なものを多々残しているのであるから、そんな不確定なものについての決意や準備はしょせんおぼろげなものにとどまりはする。逆にいうと、自分が死の決意や準備を十分に果たしえたなどと思い込むような過剰な自意識は、その人を拙速の自決へと追いやるかもしれないということだ。つまり意志的な死ならば何でもいいとはいかないのである。意志における深さや浅さ、的確さや的外れぶりについて、きちんとした仕分けが必要になるのであろう。しかしいずれにしても、意志的な死によって生の展望が大きく変わることは否定できない。エピキュリアンならば意志的な死をむしろ生の課題として引き受けざるをえないということになるのではないか。

(『死生観』)

……意図的自死について考え語ることが一般民衆の習わしになるということは、おそらく、ありえないであろう。しかし、少なくとも知識人にあっては、イデオロギー(観念の体系)について語るのが彼らの仕事であるからには、虚無主義によって自分の精神が食い荒らされるのを防ぐべく、自死について考究しなければならない。というのも、みずからの語る観念の体系が人命の前では発言力を持たぬと承認するのでは、知識人は単なる臆病そして単なる秘境の代弁者にすぎなくなるからだ。

(『国民の道徳』)

3　ニヒリズムとは何か

海野の自殺についての西部の文章にすでにあらわれているが、西部の自死論、自殺論は、「ニヒリズムの克服」という性格が常に押し出されていることに最大の特徴があるといってよい。西部流にいえば、海野の自殺は、彼の状況的な不幸が呼び起こしたものでは決してない。世の中の「絶対的孤独」を一身に受けたようなその人生で、最も果敢にニヒリズムと戦った勇者が、最後の勝利をニヒリズムに対して得ることができた、ということになるのだろう。

しかし西部が頻りにいう「ニヒリズム」とはいったい何なのだろうか。その「ニヒリズム」を克服することが、西部のように「死」や「自死」と結びつく必要性は本当にあるのだろうか。これまで西部の保守主義の「敵」だった「アメリカ」や「大衆」より遥かに定義困難で叩くことが困難な存在、それが「ニヒリズム」だといっていい。だが、ニヒリズムを克服する最有力の武装が自死、自殺にあるのかどうかは、相当に考え抜かなければ判明しない思想的問題である。

たとえば、自然科学的な意味合いを強めれば強めるほど、「無」とは定義できないものということは明らかである。地球も宇宙もいずれは、意識や言語もいっさい存在しないような「無」の世界に進んでいくということを私たちは了解している。あるいはそこまで大げさに考えずとも、個体としての生命体である私たち人間は死に直面する。死後の世界があるかないかは定かではないが、「無」であると考える人間もたくさん存在する（西部もそうであった）。「無」がやがて私たちを支配するというこうした把握からすれば、ニヒリズムこそ真実であり真理というべきである。それをなぜ「克服」する必要があるのだろうか。

現代日本におけるニヒリズムの雄ともいうべき論客は哲学者の中島義道である。中島は「ニヒリズム」に関して次のようにいう。

……ニヒリズムを克服するという欺瞞的姿勢をまず克服しなければならない。「あらゆることはまったく意味がない」と言った舌の根も乾かないうちに、あらたな意味・価値・目的を求める卑屈な態度を完全に捨てなければならない。「あらゆることにはまったく意味がない」という真理から一歩も離れることなく、その真理に刻々と鞭打たれながら生きることしかないのである。

ではニヒリズムに対しての処方箋はまったくないのか。中島は、それはたった一つだけこの世界にあるという。彼は次のように述べる。

……しかし、多くの場合、人はニヒリズムを支えるもう一つの柱を忘れている。それは徹底的懐疑という柱である（ソクラテスはこのことをよく知っていた）。徹底的懐疑は、「明るい」につながる。なぜなら、徹底的懐疑に身を浸すとき、われわれは日常的に了解している世界のあり方が根本的に錯覚であり、その無意味さは清潔なあっけらかんとしたものであることを感ずるからである。むしろ肩の力を抜いてありとあらゆることを誠実に思索してみれば、わからないことだらけであることがわかるからである。

（中島義道『明るいニヒリズム』）

中島はドイツ観念論を中心にしたヨーロッパ哲学の専門家である。中島は「すべてはむなしい」という絶対的ニヒリズムを前提にしつつ、時間・空間・意味などについて蓄積をされてきた様々な哲学の認識を重ねることで、「いかにしてむなしいのか」という救いのようなものをかろうじて得られるという。ニヒリズムは「認識」により克服されるのだ。

こうした中島の姿勢は僭越を恐れずにいうならば、究極的な認識を解脱ととらえる仏教（ただし浄土系仏教を除く）にも共通するニヒリズム（あるいはニヒリズムの克服）の在り方にみえる。ちなみに中島はきわめて強硬な自殺否定論者である。「自殺」「自死」が徹底的懐疑に反すると考えているからだ。中島のこうした思想は、解脱のプロセスを破壊するという理由で自殺に否定的な仏教に共通する気配が感じられる。

あるいはヨーロッパ哲学や仏教を持ち出すまでもなく、日本独自の「無」「虚無」の把握によりニヒリズムを認識的・解脱的に克服する、という方法論もありうる。もともと日本は紀元前の世界以来の神道思想、外来から流入しその後日本化した仏教思想や道教思想の問題により、「無」「虚無」の扱いにはヨーロッパ以上に先んじて鍛えられてきた知の歴史を有している。当然、多くの知識人が、この日本的な「無」「虚無」をニヒリズムの克服に使えないか、模索をしてきた蓄積も我が国には存在する。

たいへん興味深いのは、西部の直弟子の一人である経済学者・思想家の佐伯啓思がこの「無」「虚無」の問題で、最晩年の西部と知的に対立していた気配があったという事実である。小浜逸郎の文章を引用した「クライテリオン」の西部邁・追悼号で、佐伯がこの事実に関して、次のように報告をしている。

……私は、最後の二、三年ほど、生と死の哲学について西部氏とは別の考え方があるのではないか、と模索していた。それを私は、西田哲学や日本思想のなかにある「無の思想」から取り出せるのではないか、と思っていた。「無の思想」については、西部氏とはかなりやりとりもした。西部氏の同意をえることはなかったが、気にされていたことは間違いないと思う。それが私には大きな励みであった。ただ「無」という概念で想定するものが私と西部氏ではまるで違っていた。日本思想の根底にある「無」の観念は、ニヒリズムとは似て非なるものであり、むしろニヒリズムを克服する、もしくはやり過ごす手立てである、というのが私の考えであったが、西部氏はそれをいっさい認められなかった。「無」ではなく、「言語」の解釈がすべてであり、生とは主体的な選択の連続である、というのが変わらぬ西部氏の立場であった。

（佐伯啓思「西部邁追悼」）

中島義道や佐伯啓思の認識はもちろん、日本国民全体に共有をされているわけではない。しかし知識人の伝統の中では、充分に鍛え上げられ蓄積されてきたニヒリズムへの対処方法である。ところが西部はそれをきっぱり拒み、ニヒリズムをまるで（西部が激しく拒んだ）アメリカ文化や大衆文化の根源悪であるかのように主張し、その最強手段として自殺という最後の選択を思想実践化していく。

この西部の方向性にはどことなく非日本的、非東洋的な雰囲気が漂っているようにみえる。いったい、このような西部の思想を「日本の保守主義」と果たしていえるだろうか。

たとえば一見するとラディカルなニヒリズムをいっているような中島義道の思想が、実は仏教や日本伝統と親和的なことと、まったく正反対だといってもよいだろう。対アメリカ論以上に、西部の対ニヒリズム論は孤立した戦いを強いられていく。まさに不良少年U君の人生がそうであったように、西部の思想＝保守主義は、次のように叫べば叫ぶほど、保守主義というアウトサイダーの中のさらにアウトサイダーの立場を余儀なくされていくのだ。

……しかし、生きているかぎりは、ニヒリズムは精神の宿敵である。というより、宿敵と同居している人間の精神は、それ自体として、闘争の場となるほかないものである。そして、その戦いに勝利はありえない、つまりニヒリズムを払拭し尽すことは不可能である。そうと判明しているのに、人間の「生」はニヒリズムと闘うべく宿命づけられている。なぜといって、ニヒリズムの軍門に下ったような生は、「腐りつつ生きている」という意味で、「カキストトス」つまり「最悪」の種類に属し、そして人間の精神はみずからが「カキストトス」の状態にあることに耐えられるほど強靱ではないのである。逆にいうと、その弱さを自覚するために、人間はなにほどかは「アリストトス」つまり「最良」のものを保有しているのだということもできる。

（『虚無の構造』）

4　ドイツ観念論の拒絶

戦後日本（近代日本と言い換えてもよいだろう）の思想界は――明治期からその傾向は強いのだが――ドイツ観念論哲学の圧倒的な影響のもとにおかれていた。ニヒリズムの超克の問題も、この立場からなされることが定石でありつづけている。こういうことを言うと、「それはせいぜい哲学の世界の話であって、戦後日本や近代日本といった大げさな言葉を使うべきではない」といわれるかもしれない。だがドイツ観念論とニヒリズム超克のかかわりは、意外に深く身近な文化現象として存在している。

たとえば戦後日本文学でオピニオンリーダー的な存在だった作家の埴谷雄高（一九〇九～一九九七）という人物がいる。北杜夫、辻邦生、高橋和巳、はたまた島田雅彦までたくさんの弟子・崇拝者がいること、さらに難解な哲学小説『死霊』により戦後日本文学の神話的存在と化している埴谷であるが、埴谷の文学世界は、「時間・空間の終わり」という「絶対的未来の視点」から展開されたものだった。

この「絶対的未来の視点」というような認識こそ、戦後日本を支配し続けた（ている）「ニヒリズムの処方箋」なのである。「絶対的未来の視点」というテーマは、いきなり言語化すると非常にむずかしいようにみえる。しかし必ずしも私たちにとってつかみどころのないものではない。たとえば三島由紀夫は埴谷について「すべての絶望の予言は埴谷氏の書に語られていた。だからこれを読むことが唯一の希望になった」と埴谷が展開した認識世界が日本全体に共有されたということを正しく評している。

埴谷は『幻視の中の政治』など、多くの政治論も記している。「政治論」としながら、それらの論考において埴谷はほとんど現実的な状況論を語ることはしていない。そもそも彼は、政治や革命を、「実践」ということから全く切り離して把握展開した。たとえば、理想政治や理想革命を語る人間は、そのビジョンを語ればそれでよいのであって、それを語った本人はどこぞの屋根裏部屋で野垂れ死にしても一向に構わないし、偽善者でも悪徳者であっても、どんな人間であっても許されることになる（ただし埴谷本人は温厚篤実な常識人だった）。

なぜそのような政治原理が成立しうるのかといえば、それを語る人間の存在と言葉は、「すべての終わり」という精神地点からなされる究極的なものなので、それを語る人間の生活現実などということは、どうでもよい事象だ、ということになるからだ。「絶対的未来の視点」とはこのような意味のきわめて形而上学的・仮構的な事象の把握法なのである。

もちろん、このような政治論は、生活上の実践を絶対視する西部の保守主義理論とは一八〇度性格を異にするものだといえる。故に、西部は埴谷と同時期の教祖的思想家だった吉本隆明には理解を示し対談もおこなったが、埴谷に対してはほとんど軽蔑に近い黙殺を最後まで継続した（ただし、吉本は埴谷のことを非常に高く評価していた）。

ここで埴谷が戦前、共産党員として逮捕投獄されていた時期に、ドイツ観念論の圧倒的な影響を受けて思想的に豹変したという事実に注目する必要がある。その際の影響を受けたのはカントであると埴谷は終生に渡り強調しているが、実際のところ、埴谷の思想の形は、カントの後継であるヘーゲルに非常に近い。つまり彼は、ドイツ観念論の培養実験のようなものを自分の観念世界において展開してみせた「日本のヘーゲル」「隠されたヘーゲル」のような存在だといっていいだろう。

今一人、埴谷のように、「隠されたヘーゲル主義」を日本の戦後文化において、サイエンスフィクションの形で旺盛に展開、多くの大衆読者の支持を得た小松左京をあげることができる。学生時代に京都学派の哲学の影響を強く受けた小松の課題は、「終わり」を描きつくすことで「終わりの終わり」を認識するという精神的対価を得ることができ、そしてニヒリズムから解放をされるという「終焉の文学」と言うべきものであった。埴谷の「絶対的未来の視点」は小松において、より身近な表現を伴い大衆化していったと言い換えることもできるだろう。そんな小松の思想が強くあらわれている作品場面を次に引用してみることにしよう。

……「ニューヨークやブラッセルは、どうでした?」テイコ老人は、一握りのぼろきれのように、床の上にひざをかかえてうずくまったまま、ポツリときいた。「わしは、あの二つの都会には、行ったことがあります」

「意外に平静でした」とハンスはいった。「もう、さわぎはすぎ去ってしまったんですね――こわれるものは、こわれてしまい、自殺するものは、自殺してしまい――でも、いまは、あきらめることを通りこしてしまって、みんな非常に平静です」死のように……だ、とハンスは心の中でつぶやいた。

（小松左京『果てしなき流れの果て』）

……一番気のあった、一番頭のいい男は、当代一流の作曲家でヴァイオリニストといわれながら、ショーのコメディアンになり、その辛辣なお喋りと即興詩で、それでも大スターになりながら、ある日、高層ビルの百二十階からとびおりた。

「未来はあまりに遠いし、おれはもう待てない」

という葉書が、死ぬ直前に、ナイロビにいた彼にとどいた。――まったく同感だ。と彼は思った。――人間は肉体が精神に適応していない、精神は肉体をこえて巨大になりすぎ、そのために人間は死ぬことになる。

（小松左京『神への長い道』）

小松の作品群には、時間が未来に向かって等質に果てしなく広がっていくことへの虚無的な感情＝ニヒリズムに苦しむ人間が数多く描かれている。死がそうした物理的な時間の流れの中の、無意味な点の数々に過ぎない。まさにニヒリズムの極限の世界、といっていいであろう。だが、それを描く小松や、小松の作品の読者はそのニヒリズムに侵食することから免れることが可能になる。ニヒリズムの極限を客観的に知っているという「認識」を入手することができるからだ。

戦後日本のニヒリズムは、このようにヘーゲルを完成形とするドイツ観念論の力を頼り（様々な文化レベルで）克服をされてきた。このような「認識」論は、先述した中島義道のニヒリズムの克服ということにやはり近いものがあるといっていいだろう（ただし、中島本人はヘーゲルを評価していない）。

しかし、そのような恐ろしく深遠な「認識」は書物を何冊か読んだくらいで可能になるものなのだろうか。もちろん、埴谷・小松・中島のように厳しい知的修行を積んだ人間は「認識」に近づくことができるだろう。しかし「認識」者がもし十代二十代の未成熟な若者だとしたら、「認識」は単なる「思い込み」になって、ついには恐ろしい自己肯定に転じることも容易にありうることになる。「認識」者はニヒリズムをも超越した「何をしても許される存在」ということになってしまうからだ。

西部が人生の早い段階で、ドイツ観念論とニヒリズムの問題を切り離したのはそこに理由があったと考えてよいだろう。埴谷への関心を早々に喪失したのも論理必然であった。埴谷自身は心情的な進歩主義者であり戦後日本の左翼運動には特に目立った現実的参加はおこなうことはなかった。しかし埴谷の本は、六〇年代から七〇年代の左翼過激派の青年たちの一部に熱烈な支持を受ける。埴谷の認識論をマルクス主義学生運動に応用し、ついには自分たちの激しい暴力の肯定の根拠にまでしてしまったわけである。連合赤軍事件は、ある面において「終わりの終わり」を認識していると（思い込んでいる）面々においてなされた、ドイツ観念論が現実的に行き着く果ての所業だった。

ドイツ観念論による「ニヒリズムの克服」の「伝統」を厳しく拒んだ西部の理論に近しい存在となったのはアメリカ・プラグマティズムの哲学者、さらには実存主義系のヨーロッパの哲学者であった。特に「メメント・モリ（死を想え）」をテーゼに掲げ、死を意識することが人間の生存在に真実性を与えるとしたハイデガーは西部の「死」「自殺」論に頻繁に登場する（ただしもともと「メメント・モリ」はラテン世界の哲学用語である）。間違いなく「メメント・モリ」＝ハイデガーの「死の哲学」は西部の死生観にもっともよく一致する哲学語だったのであろう。

……死を意識するだけで美しい老いがやってくるわけではないということだ。しかし老醜を避けるための少なくとも一つの必要条件が、「メメント・モリ（死を想え）」であることは確かだ。この単純な条件がとりわけ日本においてないがしろにされている。戦後における技術の繁栄と生命の繁殖のなかで、死を想わないばかりか、それを克服する精神の術を覚えないものが増えてきている。それはいうまでもなく、宗教の解体という世俗化の過程と、習俗の崩壊という技術的革新の過程とに深くかかわっている。だから、メメント・モリは単なる過去回帰のロマンティシズムになりはてているといって過言ではない。しかし同時に、美しく老いていくことを忘れたために老人たちが処世においてすら、失態を演じつつある。生の充実を最後までめざすことを可能にするための一つの方法として、というより老人の処世における一つのマナーとして、メメント・モリの心性を取り戻す必要があるのではないかと思われる。私のいう「自然死の間際における意志的な死」はそうしたマナー以外の何ものでもない。

（『死生論』）

5　なぜ「自殺」しなければならないのか

しかしハイデガーの哲学の「メメント・モリ」がたとえ真実だとしても、その「死の哲学」が自殺と結びつく必然性はただちには証しできない。たとえばハイデガー自身は自殺はしなかったし、本人はきわめてキリスト教信仰に近い神秘主義者の面をもつ人物でもあった。この点、西部の思想においては宗教的救済はまったく否定されている。

西部がハイデガー流の「死の哲学」に賛同を感じるとすれば、次の二点、「死＝私の死」そして「私の死を確実につかむことのできる自由」といった部分ではないかと思う。この二点においてハイデガーの思想はかなり自殺の肯定に接近をしているように考えてよいだろう。

……死に関して、また死が現存在のなかへと立ち現れる在り方に関して、世人がおこなうように日常的な語りを完璧に学的に解釈してみた結果、（死の）確実性と無規定性という性格が与えられた。死の完全な実存論的・存在論的概念は、いまや次のような規定において限界づけられるのである。すなわち、現存在の終わりとしての死は、現存在の最も固有な、没交渉的な、確実な、しかもそのようなものとして無規定的な、追い越しえない可能性であると。

……（死への）先駆は現存在に対して、ひと――自己への喪失を露にし、現存在を、配慮的な顧慮に第一次的には頼らずに自己自身であるという可能性へと直面させる。しかもこの自己は、情熱的な、ひとの諸々の幻想から解き放たれた、事実的な、その可能性自身を確信して不安になっている死への自由において自己自身であるという可能性である。

（ハイデガー『存在と時間』）

西部が生涯にわたり繰り返したように、ニヒリズムが最も恐ろしいのは、技術や大衆社会の無意味な饒舌といった薄められたニヒリズムにより、自分自身が埋没してしまうことにある。そこで純粋に自分自身の可能性をもつことのできるのは「私の死」であり、その「死」をコントロールできる限りにおいて人間は最後には自由であるとハイデガーは述べた。ハイデガーは自殺を積極肯定していないが、完全否定することもしていない。「メメント・モリ」と「自殺の思想」は何とか結びつきそうな気配である。

しかし、ここで次のような疑問が生ずる。「私の死」ということは、果たして本当に「私の死」なのだろうか、という疑問である。たとえば西部は、特攻隊員や第二次大戦の南方戦線での日本軍の戦死者に限りない共感を示し、あるいは近代以前の様々な武士たちの死もたたえ続けた。西部によればそれらは、現代日本でますます不可能になりつつある「大義名分による死」に他ならない。

しかしこれら大義名分を有した美しい「死」は、自殺という「私の死」ということとは無限の距離を有した「死」なのではないだろうか。同じ実存主義哲学者でも、サルトルはハイデガー的な「死の哲学」をまったく否定している。サルトルによれば、「私の死」の「私」には、すでに何等かの「他者の書き換え」が存在しているという。たとえば「祖国のために死ぬA」は「祖国のために死ぬB」と代替可能であって、それは死の瞬間においても同じであり、人間は死に関して自由になれるというハイデガーの理想はまったく幻想であるという。

……私のいかなる行為についても、同様のこと（「……に代わって愛する」と同様にということ）が言える。私の死でさえも、やはりこのカテゴリーにはいるであろう。もし死ぬことが、教化するために死ぬ、祖国のために死ぬ、証言するために死ぬ、等々であるならば、誰でもいい誰かが、私の代わりに死ぬことができる。要するに、私の死にのみ特有であるような人格構成的能力は、そもそも存在しない。

（サルトル『存在と無』）

「私の死」なるものは果たして存在するのかどうか。次のような西部の言葉から考えてみるに、西部は「存在しない」というサルトルの立場を良しとしているようにみえる。ハイデガーの「メメント・モリ」は実は極限的な段階での自分の回復という意味合いをもっていた。しかし西部の「死」論には、「死の哲学」の有するそのような隠された積極的意味はきわめて乏しいといってい い。西部の「死」は、「私の死」である必要は必ずしもない。

……パブリックネスつまり公性というものが意外にも深く自分をつらぬいていると察知できる年頃や状況があるものなのだ。そのとき人は、自分の一挙手一投足の隅々にまで、言葉を中心にした民族・国民の歴史的蓄積が及んでいると知ることができる。そして、「日本」の名分の下に死ぬことはできても、恋人の名を呼ぶのでは、どこかにひそかに不時着してしまいたくなる。死なねばならぬときには、その死が公的な性格のものである以上、たぶん心の底から公の台詞を吐くに違いないのである。そういうことが想像できてからは、公性というものは怖いものだけれども凄いものでもあるなと感じつづけている。（『死生論』）

やや複雑な解釈になるが、西部の「死」「自死」の思想は、構造的な比較からすると、（西部はほとんど触れていないが）実存主義思想の中では（ハイデガーではなく）このサルトルにきわめて近いものと私には考えられる。もちろん、マルクス主義に傾斜したサルトルと、反左翼を生涯の思想テーマにした西部とでは表面的な思想の色合いはずいぶん違うようにみえる。

しかしたとえば「実存主義」とはもともと「存在」の自省・自覚に基づいて編み出された哲学だが、サルトルはその「存在」から「意識」の問題をきっぱりと切り離して独立化させた。サルトルの「意識」はどんどん独り歩きをし、ついには意識中心主義の段階に至ってしまったという思想史的事実（加藤尚武『20世紀の思想』）がある。

こうした意識主義では、表層意識から消え去っているにもかかわらず現存在に影響を与えている過去（たとえば心理学でいうところの無意識）などの説明が困難になってしまう。あるいは睡眠や酩酊状態のように、意識が無いにもかかわらず「存在」が継続している状態は現存在とはいえないのだろうか。こうした諸問題をサルトルの意識主義はばっさりと切断し、意識的な選択が人生の本質だと主張したのだ。

西部の保守主義思想もまたきわめて意識中心主義的なものである。西部自身はよく自意識を軽視する発言をしていた。これは「自意識の物語」を演じる文学者気取りへの批判的言説に過ぎず、西部自身の思想は徹底した「意識の人」のそれであったと言うべきである。ゆえに、たとえば文字記録の曖昧な古代史などは西部の眼中にはほとんどないし、文学全体に対して西部は思想の不明晰をもたらすものとして生涯警戒心を失わなかった（ただし、相当数の作家を愛読していた）。記号論や構造主義への強い親近感も、西部のこの意識中心主義から導くことができるだろう。

あるいは「選択」という言葉も、西部の思想には頻繁に登場するワードである。西部がなぜ伝統・慣習を重視するかといえば、A思想かB思想かを選択する言語行為において、価値が等価値であれば人間は失語症に陥ってしまう。この価値「選択」の基準として伝統・慣習というものが必須になる、と常に西部は主張し続けた。

こうした彼の保守主義の構図は、まさに「選択」という意識主義が絶対前提であるといってい い。「意識」があってこその実存主義を成立せしめたサルトルと同様、西部は「意識」を欠かすことのできない保守主義を提示しつづけたのである。あるいは「私の死」をめぐる問題においても、意識が「公の名のもとの死」を選択した段階で意識の問題は解決された、という論理を持ち出すこともありうるだろう。「メメント・モリ」が、「私の死」でなく「国家のための死」「忠孝のための死」を巡ってのものだったとしても、それら大義名分を意識が選択したのであるとすれば何ら問題はない。こうした西部の思想は構造的には、サルトル以上にサルトル的な「決断」主義、自己決定の思想がみてとれるといってよいと思う。

しかし、構造的には西部の保守主義思想に類似し、「私の死」の否定においても類似した内容を有するサルトルの哲学では、「死」「自死」そのものの価値はまったく軽視されてしまっている。西部の「死」論あるいは「自殺」論では、意識的であれば、たとえそれが「私の死」である必要はほとんどない。ところが「私の死」の不在をもってサルトルは「自殺」どころか「死」にも哲学的意味はほとんどないと考えた。

つまりサルトルの意識主義では「死」という不明晰なものは排除されたのに対し、西部の意識主義では死はもっとも明晰に認識可能なものとして把握されているのである。西部の「死」「自殺」論が実存主義的なものであることは明らかだが、その思想的ポジションは、ハイデガーからもサルトルからも等しく距離をおいたものだといってよいであろう。

……私の企ての懐における偶然のこの不断の出現（突然の死の出現のこと）は、私の可能性としてはとらえられない。むしろ、反対に、それは、私の可能性の無化として、それ自身もはや私の諸可能性の一部をなさないところの無化として、とらえられる。それゆえ、死は、世界のなかにおける現前（立ち現れ）をもはや実現しないという私の可能性にあるのではなく、むしろ、私の諸可能性に対するつねに可能な一つの無化であり、かかる無化は私の諸可能性のそとにある。

（サルトル『存在と無』）

6　人＝神思想と人＝「ニヒリズム」思想

比較論を通してであるが、みえにくい（と私には思われた）西部の「死」「自殺」論の思想の輪郭のようなものはだいぶ明らかになってきたのではないかと思う。ハイデガーやサルトルたちの議論・問題意識を前提にしていくと、西部の「死」「自殺」がきわめて実存主義哲学的な性格を有したものだということが判明する。

ただ、ここに至っても、「ニヒリズムの克服」と「自殺」の問題において、西部に近いものを提示する哲学者・思想家はなお見当たらない。西部の「自殺」論は、日本どころか世界全体において、ほとんど唯一孤独に存在しているものなのだろうか。

実存主義哲学とはそもそも、神や無神論的な永遠の只中の前に投げ出された人間存在そのものの問題を考える哲学だ。ニーチェは言うまでもなく、「神の存在・不在」を執拗に考察したドストエフスキーも実存主義の思想家グループに加えることが可能である。特にニーチェはニヒリズムとの闘争を高らかに宣言しつづけた人物である。西部も多くのニヒリズム論や死生論で、ニーチェの言葉を引用している。西部のニーチェへの強い親近感が感じられる。

しかしニーチェは自殺の積極的な肯定論者ではない。まして、「ニヒリズムの克服」のために自殺を意識選択するというようなロジックはニーチェの哲学にはほとんど不在であった。ニーチェの『力への意志』は、生の肯定をもたらすものであっても「死」を引き寄せるものではなかったのだ。ニーチェが自殺に関して述べた言葉を次にいくつか拾ってみることにしよう。

・「宗教は自殺の要求に対する逃口上を沢山もっている。それによって宗教は、生きることに惚れ込んでいる人々のところにうまく取り入るのである」（『人間的な、あまりに人間的な』）
・「自分にとって自らが恐怖の的になっている不治の犯罪者には、自殺の機会を提供すべきである」（『曙光』）
・「窮迫したとき、深刻な困難から逃れるため、杯を手にしたり自殺に訴えたりすることは――才能の劣ったものにはぴったりであるが――ユダヤ人には稀である」（『曙光』）
・ドイツ人の、そしてその学者さえの、長所と短所は、これまで彼らが他の民族よりも迷信と信仰欲に親しいということであった。彼らの悪徳は、相変わらず飲酒癖と自殺癖である」（『曙光』）

ニーチェは自殺を「悪徳」とさえ批判しているのである。ニーチェは確かにユダヤ・キリスト教世界の形而上学を全面的に否定し、神なき世界の人間＝超人を提示するということをしてみせた。「超人」はニヒリズムをも克服しうる存在であるだろう。しかしその「超人」は、「自殺」を俗人の弱さの一種とみなす。これは西部の目指す（あるいは到達した）思想的結論とは完全に正反対の理念というべきである。もしも西部とニーチェが「自殺」の問題をめぐり議論したならば、最も激しい衝突をきたしたに違いない。

結局、西部のニヒリズム論は、ニヒリズムを「絶対者でない絶対的な何か」という形而上学的なものとしてみなしていることに最大の特徴があるといっていい。この点が西部の「死」「自死」論を困難なものにしてしまっている所以なのだ。絶対的なるニヒリズムをどう克服すればよいのかが見えにくくなってしまうのである。ならば、「ニヒリズム」を思い切って「絶対者」に置き換えて西部の思想を考えなおしてみたらどうであろうか。この「絶対者」の意味はもちろん複雑である。一神教的宗教の土壌のない日本において、また無神論者を自称する西部において、「絶対者」を想定することはなかなかにむずかしいことは言うまでもない。

だが西部は、宗教を否定しながら、事あるごとに、「絶対なるもの」を求める人間の真性を重要視している。この西部の思想スタイルが、「仮想的」である「ニヒリズム」を絶対者的なイメージにおくという観念の培養に向いたとみることはできないだろうか。表の世界の西部の保守主義がヨーロッパ・キリスト教的である以上に、裏口からの西部の思想＝ニヒリズムの把握ということも、ヨーロッパ・キリスト教的な観念構図を有したのだと私は思う。奇妙な言い方になるが、西部自身が観念的に、数々のバラバラな虚無を総合し、「ニヒリズム」という絶対者を創造し、これを「生の哲学」の敵とみなす構図をつくりあげたのである。

こうした複雑な置き換えを通じて考えていくと、西部の「ニヒリズムへの克服」が実はある種の「神の克服」であるという不思議な構図が明らかになってくる。ここで西部の自殺思想に奇妙な類似を示すある創作上の人物がドストエフスキーの小説に出現する。いうまでもなくドストエフスキーの文学にはエキセントリックな狂人が多数あらわれるが、その最右翼に属する『悪霊』のキリーロフ――西部も少年時代からドストエフスキーの愛読者であった――は、様々な自殺論を作品内で述べたのちに命を絶つ。キリーロフの自殺は、「自殺により神の不在を証しすること」「自殺により神を超えた人間の存在を証しすること」のためのものなのである。

西部の「ニヒリズムの克服」論は、ニーチェの超人思想には合致はしなかった。しかし、自殺に絶対の意味をもたせて、何かの絶対に対峙しようとするキリーロフの超人思想＝人神思想に関していえば、それは西部の自殺論にどこか共通の要素を有している。「ニヒリズム」という「近代に沈む神」の不在を自身の自殺によって証しし、自身が「ニヒリズム＝虚無」になるという、究極的な観念の実践をそこに見出したのではないだろうか。ニヒリズムは遂には存在しえない。何故なら自身がニヒリズムになるのだから。すなわち、人神思想が人「ニヒリズム」思想に置き換わる。これは「ニヒリズムへの勝利」とはいいがたいが、「ニヒリズムの克服」であることに違いはないのではないか。『悪霊』の中のキリーロフの言葉は次の如しである。

・「人間は、自殺しないですむために神を考え出すことにばかり熱中してきた。これが世界史の要約だね」
・「もし神があるとすれば、すべての意志は神のもので、ぼくがその意志から抜け出せない。もしないとすれば、全ての意志はぼくのもので、ぼくは我意を主張する義務がある」
・「恐怖を殺すために自殺するものが、たちまち神になるのです」
・「なぜなら、全ての意志がぼくの意志になったから。この地上に、神を滅ぼして我意を信じ、最も完全なる点まで我意を主張する人間は一人もいないではないか。僕は我意を主張したい。たとえ一人きりだろうと、やってみせる」

（『悪霊』）

この「神」を「ニヒリズム」に変換してみよう。西部の自殺論のテーゼ＝人間は意識をもっているうちに、自死を選択し、ニヒリズムを克服しなければならない。ニヒリズムの克服とは、自身が死を媒介にしてニヒリズムそのものになる選択をおこなうということ。このことによって私達を悩み苦しめてきたニヒリズムはその魔力を弱め、人類の文化から後退を余儀なくされるだろう。

むずかしい理解のプロセスを経たが、西部の「自死の思想」は世界全体において、やはり必ずしも孤立したものではなかった。「神」の絶対概念に挑戦状をたたきつけたドストエフスキーと、次のように「ニヒリズム」の絶対概念に激しい敵意を燃やし「自殺」を最大の「武器」ととらえた西部は、思いもかけないある一点において、共有できるものを有していたのである。

……もちろん、誰しも死んだ経験がないからには、死については語りえぬものが多々ありはする。しかし、そこで死について沈黙したままでいると、ニヒリズムに足をすくわれる。語りがたいことをあえて語ってみせるためには、自死の思想を探求しなければならない。死ぬ気にならなければ、死に向かって生きる活力が湧いてこない。

……結論を先にいうと、思想的に一貫せる唯一の死に方は、シンプル・デス（単純死）、つまり簡便な自死を選ぶことである。自分が精神的存在としてもう活動できない、あるいはそれ以上活動する自分のあるべきと思う精神の在り方を裏切る、という単純なことがありありと見通せたとき、そのときには自死を選ぶしかない。簡単にいうと、精神が死んだときには人間も死んでいるとみなし、そこでなお生き延びようとすると、自分の生命を目的なき手段に貶めることだ、と考えることである。

（『国民の道徳』）

7　江藤淳の自殺

思想的にはそのように解釈論・比較論を示すことのできる西部の自殺の問題であるが、議論をもう少し具体的な事実に関してのものに進めることにしてみよう。

二〇一八年一月の西部の自死に関して、様々な批評解釈が世間に流通した。数多くの眉唾ものを含んだそれらの批評解釈は「夫人に先立たれたこと」「西部自身の病気」からその自殺をとらえることにまず集中していったようにみえた。ここで一つの比較が必然的に導き出されることになる。一九九九年七月に自死した江藤淳との比較である。

確かに、江藤と西部の自殺には共通要素があるようにみえなくもない。江藤もまた西部と同様、たいへんな愛妻家であり、夫人は江藤の原稿に発表前にかならず目を通したという「思想を共有した夫婦」であった（江藤は自死の前年に夫人を癌でなくした）。二人とも母性の問題を考え抜いたある種の「文化的フェミニズム」を有した論客であったということができるだろう。また江藤は死の少し以前に脳梗塞を患い、執筆活動の今後に不安をおぼえるという事態にも直面していた。

実は晩年の西部も、脳梗塞ではないが、両腕に不自由をきたす疾患に苦しめられ、執筆は長女の力を借りてなされるということがあった。

激しく野太い精神の持ち主のようにみえた江藤は、夫人を喪ってからののち、信じられないような衰弱を進行させていく。彼は夫人の死ののち、自死に至るまでの間に、『妻と私』という夫人の病に関しての闘病記・看病記を書いている（本作は実質的に江藤の遺作になった）。この作品はまことに恐ろしい作品であるといっていい。執筆している江藤自身が、もはやこの世界の住人ではないように感じられる「死者の書」だからだ。

……死の時間は、家内が去っても私に取り憑いたままで、離れようとしないのであった。家内とはやがて別れなければならない、そのときは自分が日常的な実務の時間に帰るときだ、と思っていたのは、どうやら軽薄極まる早計であったらしい。何故なら、死の時間と日常的な実務の時間とは、そう簡単に往復できるような構造にはできていないらしいからである。いったん死の時間に深く浸り、そこに独り取り残されてまだ生きている人間ほど、絶望的なものはない。家内の生命が尽きていない限りは、生命の尽きるそのときまで一緒にいる、決して家内を一人ぼっちにしない、という明瞭な目標があったのに、家内が逝ってしまった今となっては、そんな目標などどこにもありはしない。ただ私だけの死の時間が、私の心身を捕え、意味のない死に向かって刻一刻と私を追い込んで行くのである。

（江藤淳『妻と私』）

西部も江藤と同様、『妻と僕』という題名の亡妻の病に関しての記録の書がある。だが注意しなくてはいけないのはこの書は妻の生前に記されているという事実である。『妻と僕』は『妻と私』とは執筆の視座が根本的に違う。

あるいはたとえば、西部は幾つかの妻への追悼めいたものを文章で発表するということはあった。しかし次にあげるように、西部の筆致は江藤よりずっと冷静なものである。その冷静さは、「死」＝「私の死」（＝愛するものの死はあくまで他人の死である）という、ハイデガーの哲学の「死」論から少しも逸脱をみせていない見事なものだということができる。もちろん、西部の看病は必死なものであり、妻への愛情は心底からのものだった。しかし「妻の死」に西部が引き込まれて衰弱を見せていったという解釈は成り立たないと思う（文章中のMとは西部夫人のことである）。

……半死者となった老人には、さしあたり、そんな状況に耐えて黙っている、つまり沈黙という言葉に徹するほかに、亡妻への悼みの言葉がみつからない。だから、この一文を最後にしてMについては、たとえ彼女が私の夢にこれから何度も出てきたとしても、Mの死はMのものであって私のものではなく、Mの死についてはついにはわかり切らぬものが私には残るのだから、また死んだ者はもう還らないという現実には抗しようもなく、どう論じてみてもMを失ったことについての寂寥感に至り着くほかないがゆえに、もう語らないことにする。

（『生と死、その非凡なる平凡』）

「病」についてはどうだろうか。江藤淳を襲った脳梗塞という病が著述家にとっていかに怖い病かは、たとえば福田逸による、父・恆存が脳梗塞に罹患してから後の生活記録を読むとよくわかる。

脳梗塞を罹患して以降の福田恆存は、明晰と逆説の権化のような文章群をほとんど記せなくなってしまう。自分にとって最も自由であるはずの「書いている自分」が次第にコントロールできなくなっていく不自由さ、その苦しみを最も激しく感じたのは福田恆存本人であったに違いない。江藤淳にもその恐怖が襲ったのだ。妻の病死の衝撃から何とか立ち直る気配をもったかに見えた江藤を、ふたたび死の世界に引っ張っていってしまったのは、この脳梗塞がもたらした絶望感だったといっていいだろう

しかし西部の病気は脳血管障害にかかわるものではない。両手の不自由という事態に関して、相当の苦痛はあったことに間違いない。だが自死の直前まで、西部の意識はまったく明晰であり、言論活動自体に支障はみられなかった。病苦による精神的切迫感――意識がコントロールできなくなる以前に早く自死に進まなければならない――は高まっていたのかもしれない。しかし西部の自死は、江藤と違い、少なくとも病による絶望ということとは無縁なものだといっていい。

結論的にいえば、江藤の自死と西部の自死は、類似したものをみることはかなり困難だといってよいだろう。

付け加えるならば、西部は「成熟」や「伝統」といった概念を重視する保守主義者でありながら、「老い」に対して、相当な嫌悪を有していたことがよくわかる。もちろん「老い」が「成熟」「伝統」に結びつくならば、そのことは必ずしも嫌悪の外にはおかれないだろう。しかし、「老い」が「メメント・モリ」の意識力・認識力を若年の時よりも曇らせてしまうということ、これが西部の大きな恐怖心であり、この恐怖心が「老い」に対しての激しい嫌悪を論理必然に導いたのだ。

「死」への意識主義――その究極の実践にある自殺――このことが、西部の「死」論においてあらゆることに優先する。事実論からは西部の自殺を推論することはほとんど不可能なほどに、その自殺は観念的・思想的な性格のものだったともいえる。この意識の力が弱くなってしまったとき、「ニヒリズムの克服」という、西部の保守主義の最後の目標はそれを達成することができなくなってしまう。たとえば、西部は「意識」の力を減じ「自殺」の力をも減じている（と西部には思われた）「老人」たちを次のように描写している。


……色艶をまったくなくし、性ホルモンの一滴も分泌していないような老人たちが思い入れたっぷりに演歌をがなっている。あれは疑いようもなく過ぎ去ろうとしている生へのノスタルジーなのであろう。その気持ちがわからぬわけではない。しかし私は否応もなく、そうした光景のうちに、自分の目前に迫った死を直視しようとはしない人間たちの精神的な醜さを感じ、それが老いの醜さというものなのだろうと思ってしまう。いくたびもそういう場面にあい、私のほうも繰り返しそういう思いに駆られた。そうなると、美醜の基準は究極的には死を迎えるに当たっての、いわばいさぎよさにあるのだ、というテーゼがいつのまにか自分のうちに固着してしまうのである。

（『死生論』）

8 「助けられた自殺」の難問

本書も終わりに近づいてきた。西部の自殺について、事実論なり事実推理なりは出来る限り避けて考えたい。しかしこの自殺に関して、どうしても論じなければならないある重大な事実問題が存在する。

手塚治虫の代表作の一つ『ブラック・ジャック』に、ドクター・キリコなる不気味な風貌の医師が登場する。無免許医師でありながら人命救済に奔走するブラック・ジャックを嘲笑うかのように、ドクター・キリコは病苦や老いに苦しむ患者の安楽死を次々に施していく。いわばアンチ・ヒューマニズムの極北にいる医師なのだ。だがドクター・キリコを読者はなかなか恨むことはできない。あまりにも激しい病苦において、「死はやすらぎであり苦痛の静止である」というドクター・キリコの思想を否定することは難しいからだ。

だが、ドクター・キリコの医療行為は我が国においてはいくつかの刑法犯罪に該当してしまう。苦痛でどれほど強く死を望んでいたとしても、その苦痛を抱く人間を殺害することに変わりはないからである。ここで、次のことが問題になってくる。

「自死」を助ける犯罪には、同意殺人罪、自殺幇助罪の二つの類型が我が国の法律に存在する。安楽死などの医療現場の問題において、犯罪主体（医療関係者）が犯罪客体（患者）から生命途絶＝殺人の同意を得た同意殺人罪は一般人に理解しやすい。「積極的な自死への関与」だからである。ドクター・キリコの安楽死医療の大半がこの同意殺人罪に該当するといえるだろう。ところが、後者の自殺幇助罪はきわめて理解しにくい犯罪なのだ。

たとえば一九九八年一二月、インターネットの掲示板に致死薬物である青酸カリを提供する旨の「自殺協力者」が「ドクター・キリコ」を名乗り出現するという事件が起き、この提供者は自殺幇助罪に問われることになった。しかしこの事件はおそらくドクター・キリコ本人にとっても非常に心外な事件であったに違いない。ドクター・キリコは病苦の苦痛に耐えがたいような患者の安楽死を助ける使命をもって行動しているのであって、そのような物理的苦痛の外にある自殺志願者を消極的に支援する、というようなことは決しておこなわないからである。

「自殺幇助罪」は実のところきわめて奇妙な犯罪類型である。致死毒物をさがしてきて手渡したり、自殺するための絞首台つくりを手伝ったりすることがこの犯罪の行為だと一般的に理解されている。「弱い共犯」＝「幇助」行為であり、これらの行為が共犯の一種の幇助罪である以上、犯罪の主要部分を展開する正犯が存在しなければならない。ところが理屈がむずかしいのはここからである。

正犯である自殺者はこの世にいないので処罰することができない。つまり正犯を欠いたまま幇助行為だけが処罰対象になる犯罪ということになる。さらに問題とすべきなのは、幇助罪で処罰されてしまう以上（たとえこの世におらず不可罰であっても）「自殺」者は刑法上の違法を犯したことになってしまう。こうした論理的矛盾を抱えるために、ヨーロッパの国の中には、自殺幇助罪の規定を有しない国もいくつか存在している。

周知のように、西部の自殺に関して、二人の人物（「表現者塾」のメンバー）が自殺幇助に問われ、有罪判決（執行猶予）を受けている。二人は、手が不自由な西部が、多摩川に入水する際、立木にロープで繋ぐのが困難なため、それを手伝い、西部が川に入水するのを見終えてその場から立ち去った。この二人は西部の長年の知己であり、西部の思想の信奉者であり、この自殺の計画は以前から三人によりほぼ完全に練られていたものだった。

これでもか、というくらいに「死」「自殺」の思想にこだわった西部が、最後の段階にあってなぜ二人の幇助者を呼び込んだのだろうか。二人の幇助者が気の毒だ、という世間的ヒューマニズムだけではない。すでに述べたように、自殺幇助者を生んでしまうということは、西部の自殺行為もまた、日本の法体系から「違法行為」という判断をくだされてしまうことにもなってしまう。死者に非難を向けるのは礼を失するのを承知であえて指摘するならば、「手の不自由」という現実問題に関して、他者や違法性を介在させない別の自死の方法を選ぶということもありえたはずではないか。西部ほど自死を考え抜いた人物であるならば、これらの問題に意識的でなかったはずがない。

この自殺幇助の介在の謎に関して、二つの解釈が私はありうると思う。一つは三島由紀夫の自殺との比較関係性である。

完全な秘密計画、そして（森田必勝をのぞく）面々を違法行為に招くのを承知の上で人生の最後に、法体系に反する自死を選んだ三島と西部の自死は、どこかで類似性を有している。実のところ三島もまた、徹底した意識中心主義者であり、「死」への意識力を弱くする「老い」を激しく嫌い、大衆文化（ニヒリズム）に沈殿していく日本への激しい警告を最後まで欠かすことをしなかった。だいたい、三島が自死を選んだ一九七〇年と、西部が自殺した二〇一六年では、日本が直面している精神的・現実的実情は、驚くほどよく似ているといえる。「違い」といえば、後者の時代の方が事態は悪化しており、手がつけられないほどになっていることであろう。

だが西部の自死には、三島のそれにあったような「見せられる自死」の要素があまりにも希少であることも事実である。方法論についても、「切腹」という儀式性に厳しくこだわった三島に比べ、西部はそれほどのこだわりをもっていなかったことが彼の文章や周囲の証言で判明している。西部の方がはるかに「死」そのものを考え抜いており、その自殺は哲学思想に密接している。三島の自死にみられるような儀式性の「壁」のようなものは西部の自殺にはみられない。三島の自殺は論理的性格を有しているが哲学的性格にきわめて乏しいのだ。西部が長女に残した遺書をみてもきわめて人間的な平明なもので、これは「見せられる自死」をなした人間の記すものではまったくない。三島の遺書にあたる檄文とは無限の距離があるといって差し支えない。結論的に言えば、二人の自死はやはり少し異質なものだと私は思う。

二つ目のありうる解釈は、「非行としての保守」思想の完成という視点からの解釈である。西部の自殺を幇助した二人を「表現者塾」の中でよく知る富岡幸一郎は、二人の西部への心酔は本当に強い真なるものだったと言っている。西部は二人に、唐牛健太郎や不良少年U君たち、ニヒリズムとの闘いを演じてきた「非行としての保守」の本当の仲間を感じ、その完成を垣間見たのかもしれない。もちろんこの解釈は、まったくの推測の域を出るものではない。しかしこの推測がもし正解であるなら、西部の自殺は、江藤淳のような悲哀に引き込まれたものではなく、三島のように憤激のメッセージをこめたものでもない。思想の完成と充足に満ちた死だったということになるのではないか。

私は繰り返し、「左翼」ではない「ブントへの回帰」を西部が「保守主義」という言葉に必死に託してきたと言ってきた。日本全体は精神的瓦解の危機に瀕している。しかし「保守主義」と「ブント」を結ぶような精神を二一世紀に残すことには成功した。西部はその「証し」をこの二人の存在に「賭けた」のではないだろうか。

「証し」とは何かといえば、西部の保守主義の完成である自死を実践的に同意し、少しの形であっても「西部の自死」に触れさせる同志の存在だ。西部は一人でも自殺できた。「見せられる自死」である必要性はまったくなかった。しかしながら、少なくとも、「思想的同志に認められた死」でなくてはならなかったのだ。その自殺が違法行為である必要性は必ずしも存在しない。しかし違法行為ということと、「非行」としての保守ということは、ブントを理想的共同体とみた西部において両立可能でもある。

西部は、「多摩川の辺に海野や唐牛たちの霊が漂っていた」というような文学ロマン的な表現をもっとも嫌う人間である。しかし、「海野や唐牛たちの存在をバトンタッチする二人が、自分の自死に触れて実践を確かめてくれた」という観念思想的な表現ならばそれを受け入れるであろう。西部の思想とは、そのような観念の積み重ね、格闘のもとに大成をしてきたものだったことを忘れるべきではない。

繰り返しになるがすべては推測であり、本当の事実を私は知る由もない。しかし推測であるからこそ、そのような西部らしい観念的図式が「ありうる真実」として成立しうるともいえる。あらためていうならば、西部は自殺を幇助する人間を必要としたのではなく、自身の死を看取る思想的同志を必要とした。それがブント離脱後、ながい間追い求めてきた「保守主義」思想の完成の地点だったからである。これは一般の面々には理解することがむずかしい思想的な実践である。しかし少なくとも西部の人生を丹念に追ってくることを通して考えれば、必然的といってもいい最後＝完成だといえると思うのだ。

多摩川に向かう車の中での西部はきわめて陽気だったという。その陽気さは決して「演技」ではなかったと思う。「エピソードの人」西部邁は、死の間際において、「演技」から解放され、本当の意味で気ままな時間を少しの間、過ごしていたのではないだろうか。「二人」が自分の傍にいることは、海野が、唐牛が、妻が、そして彼が尊崇した数多くの思想的同志の「観念」がいることに他ならなかったのだ。ニヒリズムが克服される瞬間も間近であった。すべてのことを論理的に解決し、保守主義の確立の確信を得た西部は、安心し安らいだ気持ちでもって、水の中の死に立ち向かっていったのだと私は思う。

9　私からの西部邁へのメッセージ

五〇代のときから自死を考え始めていた西部にとって、その最後は少し遅すぎたといえるものかもしれない。しかし私は、その自死は「早すぎた」と思う人間の一人である。西部本人に、そんな意見を言った瞬間におそらく私は罵倒を浴びせられるだろうが、そのことを承知で私は「西部邁にはもっと生きて欲しかった」とあえていいたい。

たとえば西部の自死から二年が経過した二〇二〇年、新型コロナウイルスという戦後最大といっていい国難が日本を襲い始めた。コロナ禍の下、私は幾度も、西部だったらこの状況をどう表現しただろうか、と想像した。私の想像では西部は、この国難を「大衆が呼び起こした禍」と解釈したのではないだろうか。そして彼は、自分自身のような根源的議論のできる存在を、まさに状況が必要としていることを痛切に感じたに違いない。

パンデミックそのものではなく、「パンデミックが怖い」という恐怖感情に振り回され、陽性者・感染者を吊るしあげにする二一世紀の日本の大衆に、西部は再び言語の喧嘩を挑んだのではないか。たとえばかつて西部とともに反米主義の小林よしのりは「新型コロナウイルスは、恐るるに足りない単なる風邪である」とする論陣を展開している。

おそらく西部と小林は、ふたたび連合を組んで、二〇二〇年の日本の言論の世界を賑やかなものにしたのではないかと推測する。激烈な反米主義を展開したときは違和感をおぼえた私だが、「違和感」を感じさせる言論人さえほとんどいなくなった今の日本の言葉の世界に、西部のような「非行としての保守」の不在を寂しく感じざるをえないでいる。

トランプ支持一辺倒だった二〇二〇年米大統領選挙に関しての日本の保守派論壇（そういえるものもきわめて縮小しているが）に対しても西部は警句を発したであろう。「トランプがどうあろうと、一外国に過ぎないアメリカの大統領選挙に、なぜそこまで熱をあげるのか」と激しく主張する西部の姿をイマジネーションしたくなる。

本書では数々の西部の人生と思想を論じてきてここに至った。刺激的であり、時として飛躍があり無理もある西部の考え方に、すべて同意することができないのは言うまでもないことである。だがそれは、「苛烈」という形容がほとんど可能だった西部の人生から導き出された「生きた言葉」であった。そのような西部邁の人生・思想と対話することが自分の内面を高めるとても大切な存在だったことというまでもないことである。これからは現実世界にはいない西部と対話していくことが求められるようになるのだ。

二〇二〇年の新型コロナウイルスの国難と、アメリカ大統領選挙は、そのような不在の西部との対話の始まりだったといっていい。果てしないほどの「西部の不在」の時間がこれからの日本に待ち受けている。本書が、世の中にいる（私のように）西部との対話を必要とする方々の少しの参考になれば幸いと思う次第である。

あとがき

気になって追いかけて読み込もうとすると強い違和感を自分にもってくる。ところが意識して遠ざけると今度は気になって仕方ない。西部邁という思想家の書は、自分にとってそのような実に厄介な魅力をもっているものだった。もし本人に会えば、長い間自分を悩ませてきたこの鼬ごっこへの何かの解決のヒントがあったのかもしれない。しかし自分は結局、出会いのチャンスを逸したのである。

ある知己の編集者氏から、「ご希望であれば西部先生に紹介しますよ」といわれたのは、今から五年ほど以前になる。その編集者氏は西部さんのことをたいへん尊敬しており、本書でも幾度も紹介をしている「表現者塾」に参加されている人物だった。私が西部さんのことをしきりに話題にするので、そんな気遣いを言ってくれたのだ。私はすぐに快諾しなかった。申し出を受けようかどうか迷っているうち、時間はどんどん過ぎ去り、時の流れはとうとう二〇一八年一月二一日のあの衝撃的な一日を迎えてしまう。

自分はどうして迷ってしまったのだろうか。その編集者氏も含めて、西部さんは数多くの人に慕われていることを私はよく知っていた。慕われぬいた人、といっていいかもしれない。もちろん、西部さんと面識を得た人でも、彼に引き込まれなかった人も少なくない。だが自分は他人の存在感に影響をされやすい人間である。西部さんのその不思議な「引力圏」のようなものにとらわれてしまったら、西部さんの思想世界を公平に評価することができなくなってしまう。自分の迷いは、そうした危惧に理由があったのだと思う。結果、大きな後悔が残ってしまった。

こうして西部さんの自死を聞いた瞬間から、自分はいつか彼の思想の全体を解き明かすことをしたいと考えるようになった。そのためにはまず、西部さんの「引力圏」とは何だったのかを考えることをしなければならない。このことは「まえがき」に記した、西部さんの若い頃から変わることのない澄んだ目の輝きを追うことと一致するといっていいだろう。たとえば、私がとりわけ不思議で仕方なかったのは、西部さんの慕われ方が、あまりに広範囲に及んでいることだった。

保守派知識人を自称する人物が、左派的な知識人にも多少慕われている、それくらいのことならばそうした事象は西部さんに限ったことではない。ところが西部さんを慕う人々は、知識人の枠などをはるかに超えて存在していた。実業家、漫画家、芸能人、さらには反社会勢力にあたる人たちさえ西部さんの引力圏におかれていたのだ。この不思議な重力の正体はいったい何なのだろうか。

「引力圏」と私は言ったが、反面、西部さんの思想は「引力圏」の外からたくさんの批判にさらされてきた。たとえば、経済学・哲学・言語学などのたくさんの知の分野の知識を旺盛に吸収した西部さんは、それらを総合することにより、保守主義の思潮を日本で確立しようとされた。だがこの知的冒険には様々な困難が伴ったことは本書で詳述をしてきた通りである。「保守主義」なるものは果たして理論としてありうるのか、ということからやってくる困難、そして西部さんの人生の出来事からやってくる困難があわせて西部さんの知的冒険を襲ってきたのだ。

西部さんの保守主義理論は、途中から、奇妙なほどの疾走を始める。困難が生んだ疾走、といっていいだろう。私の意欲は、この「思想の疾走」を論理的に非難するにとどまらず、「なぜ疾走したのか」という謎の解明、その解明を西部さんの理論と人生の双方から明らかなものにすることにあった。この第二の問題意識には当然、一月二一日の自死につながっていく西部さんの死の思想についての分析も含まれていく。西部さんの「疾走」は、結局のところ、「ゴール」にたどり着くことができたのだろうか。そのことへの私なりの解答をこの本書で完成したつもりである。

本書は西部さんの人生へのオマージュではない。「引力圏」の中にいなかった私にはオマージュは描きようがないからである。また本書は西部思想への批判を純理論的に探究するものでもない。本書は西部さんの思想への賛否よりも、その背後にある彼のこだわりと人生的事実により関心をもつからである。少し大げさな言い方をすれば、本書はオマージュでも理論的批判でもない「第三の道」からの西部さんの人生と思想への異端的なアプローチである。黄泉の国の西部さんはどんな反応をしてくださるだろうか。

今後生み出されるだろう数多くの西部論の最後尾に本書が位置づけされることを願ってやまない次第である。

本書を記すにあたり評論家の富岡幸一郎先生には色々とお話を伺い有益であった。富岡先生はご遺族を除けばおそらく西部さんを最もよく知るこの世の人物である。深く感謝を申し上げる次第である。

また富岡先生以外に、西部さんのご息女の智子さまに原稿に目を通していただきいろんな指摘をいただいたことに深く感謝します。またフリー編集者の小川哲生さんには、当時、行き場を失いかけていた原稿を論創社の森下紀夫社長との橋渡しをしてくださり、刊行にこぎつけ内容から校正までさまざまなアドバイスをいただき本の作成に大きな貢献をしていただいた。小川さんの友情なしにはこの書が世に出ることはあり得なかったと思われる。関係者の方々への謝辞をもってこの書のフィナーレとすることにしたい。

二〇二一年一月

著　者

参考文献一覧

（刊行年は初出・初版年。本書で触れられた順に掲載）

西部邁の著作・テクスト

・『学者　この喜劇的なるもの』（草思社、一九八九年）
・『剥がされた仮面――東大駒場騒動記』（文藝春秋、一九八八年）
・『どんな左翼にもいささかも同意できない18の理由』（幻戯書房、二〇一三年）
・『六〇年安保――センチメンタル・ジャーニー』（文藝春秋、一九八六年）
・『ビジネス文明批判――尾根道をたどりながら』（長崎浩との共著、作品社、一九八六年）
・『ファシスタたらんとした者』（中央公論新社、二〇一七年）
・『蜃気楼の中へ――遅ればせのアメリカ体験』（日本評論社、一九七九年）
・『大衆への反逆』（文藝春秋、一九八三年）
・『ソシオ・エコノミクス――集団の経済行動』（中央公論社、一九七五年）

・『経済倫理学序説』(中央公論社、一九八三年)
・『ケインズ』(岩波書店、一九八三年)
・『思想史の相貌——近代日本の思想家たち』(世界文化社、一九九一年)
・『大衆の病理——袋小路にたちすくむ戦後日本』(NHKブックス、一九八七年)
・『論士歴門——大衆社会をこえていく綱渡り』(吉本隆明らとの対談集、プレジデント社、一九八四年)
・『幻像の保守へ』(文藝春秋、一九八五年)
・『ニヒリズムを超えて』(日本文芸社、一九八九年)
・『戦争論——絶対平和主義批判』(日本文芸社、一九九一年)
・『国民の道徳』(産経新聞ニュースサービス、二〇〇〇年)
・『反米という作法』(小林よしのりとの共著、小学館、二〇〇二年)
・『アホ腰抜けビョーキの親米保守』(小林よしのりとの共著、飛鳥新社、二〇〇三年)
・『獅子たりえぬ超大国——なぜアメリカは強迫的に世界覇権を求めるのか』(日本実業出版社、二〇〇三年)
・『核武装論——当たり前の話をしようではないか』(講談社現代新書、二〇〇七年)
・『妻と僕——寓話と化す我らの死』(飛鳥新社、二〇〇八年)
・『死生論』(日本文芸社、一九九四年)

・『虚無の構造』（飛鳥新社、一九九九年）
・『生と死、その非凡なる平凡』（新潮社、二〇一五年）
・『友情――ある半チョッパリとの四十五年』（新潮社、二〇〇五年）

本人以外による著作・テクスト

・小田実『何でも見てやろう』（河出書房新社、一九六一年）
・中沢新一『チベットのモーツァルト』（せりか書房、一九八三年）
・中沢新一『野ウサギの走り』（思潮社、一九八六年）
・中沢新一『雪片曲線論』（青土社、一九八五年）
・浅田彰『構造と力――記号論を超えて』（勁草書房、一九八三年）
・柄谷行人『批評とポスト・モダン』（福武書店、一九八五年）
・柄谷行人『憲法の無意識』（岩波新書、二〇一六年）
・山口昌男『知のルビコンを超えて――山口昌男対談集』（西部邁らとの対談集、人文書院、一九八七年）
・吉本隆明『マチウ書試論・転向論』（講談社文芸文庫、一九九〇年）
・江藤淳『保守とは何か』（文藝春秋、一九九六年）
・江藤淳『妻と私』（文藝春秋、一九九九年）

・西尾幹二『天皇と原爆』（新潮社、二〇一二年）
・加藤尚武『20世紀の思想――マルクスからデリダへ』（PHP新書、一九九七年）
・加藤尚武『戦争倫理学』（ちくま新書、二〇〇三年）
・三島由紀夫『文化防衛論』（新潮社、一九六九年）
・福田和也『国家と戦争――徹底討議』（西部邁・佐伯啓思・小林よしのりとの共著、飛鳥新社、一九九九年）
・福田恆存『日本を思ふ』（文春文庫、一九九五年）
・福田恆存『私の幸福論』（ちくま文庫、一九九八年）
・福田恆存『私の国語教室』（文春文庫、二〇〇二年）
・福田恆存『人間・この劇的なるもの』（新潮文庫、二〇〇八年）
・福田恆存『藝術とは何か』（中公文庫、二〇〇九年）
・福田逸『父・福田恆存』（文藝春秋、二〇一七年）
・持丸博・佐藤松男『証言　三島由紀夫・福田恆存　たった一度の対決』（文藝春秋、二〇一〇年）
・伴野準一『全学連と全共闘』（平凡社新書、二〇一〇年）
・中野剛志『保守とは何だろうか』（NHK出版新書、二〇一三年）
・仲正昌樹『精神論ぬきの保守主義』（新潮選書、二〇一四年）

・田久保忠衛・古森義久『反米論を撃つ』（恒文社、二〇〇三年）
・高澤秀次『評伝　西部邁』（毎日新聞出版、二〇二〇年）
・埴谷雄高『幻視のなかの政治』（未来社、一九六三年）
・小松左京『神への長い道』（ハヤカワ文庫、一九七五年）
・小松左京『果てしなき流れの果に』（角川文庫、一九七四年）
・ジャック・デリダ『グラマトロジーについて』上・下（足立和浩訳、現代思潮社、二〇一二年）
・ウェルナー・ゾンバルト『恋愛と贅沢と資本主義』（金森誠也訳、論創社、一九八七年）
・ソースティン・ヴェブレン『有閑階級の理論』（高哲男訳、ちくま学芸文庫、一九九八年）
・フリードリッヒ・ニーチェ『ニーチェ全集　6　人間的な、あまりに人間的な』（池尾健一訳、ちくま学芸文庫、一九九四年）
・フリードリッヒ・ニーチェ『ニーチェ全集　7　曙光』（茅野良男訳、ちくま学芸文庫、一九九三年）
・マルティン・ハイデガー『存在と時間』上・下（細谷貞雄訳、ちくま学芸文庫、一九九四年）
・ジャン・ポール・サルトル『存在と無』上・下（松波信三郎訳、ちくま学芸文庫、二〇〇七年）
・フョードル・ドストエフスキー『悪霊』上・下（江川卓訳、新潮文庫、二〇〇四年）
・『表現者 criterion』２０１８年５月号・「西部邁・永訣の歌」
・『朝まで生テレビ！原発是か？否か？』（全国朝日放送、一九八八年）

・『朝まで生テレビ！　社会主義よどこへ行く』（全国朝日放送、一九八九年）
・『朝まで生テレビ！　激論　マスコミ&ジャーナリズム』（全国朝日放送、一九八九年）

渡辺 望（わたなべ・のぞむ）
1972年群馬県生まれ。早稲田大学大学院法学研究科修了。著作に『国家論』（総和社）、『蒋介石の密使 辻政信』（祥伝社新書）、『石原莞爾』（言視社評伝選）、『パンデミックと漢方』（勉誠出版）など。

西部邁――「非行保守」の思想家

2021年3月20日　初版第1刷印刷
2021年3月30日　初版第1刷発行

著　者　渡 辺 望
発行者　森下紀夫
発行所　論 創 社
東京都千代田区神田神保町 2-23　北井ビル
tel. 03（3264）5254　fax. 03（3264）5232　web. http://www.ronso.co.jp/
振替口座　00160-1-155266
装幀／宗利淳一
印刷・製本／中央精版印刷　組版／ロン企画
ISBN978-4-8460-1614-2　